LAS MIL NOCHES Y UNA NOCHE

LAS MIL NOCHES Y UNA NOCHE

MARIO VARGAS LLOSA

Fotografías de Ros Ribas

ALFAGUARA

© 2008, Mario Vargas Llosa

© De esta edición:
Santillana Ediciones Generales, S. A. de C. V., 2009
Av. Universidad 767, col. del Valle,
México, D. F., C. P. 03100, México.
Teléfono 5420 7530
www.alfaguara.com.mx

Primera edición: noviembre de 2009
ISBN: 978-607-11-0382-6
© Fotografías de cubierta e interiores: Ros Ribas

Impreso en México

Índice

Contar cuentos   9

I. El rey Sahrigar y su nueva esposa   29
II. El príncipe que odiaba a las mujeres   37
III. El príncipe melancólico   45
IV. La princesa Budur y los astrólogos   51
V. Marsuán el justiciero   57
VI. El milagro del falso astrólogo   65
VII. El príncipe y el pájaro ladrón   73
VIII. La princesa Budur cambia de sexo   79
IX. La pelea de los pájaros   87
X. Un fin que es un principio   95
XI. Amores prohibidos   103
XII. Los adoradores del fuego   113
XIII. La última noche es la primera noche   129

Ficha artística/técnica   142

Contar cuentos

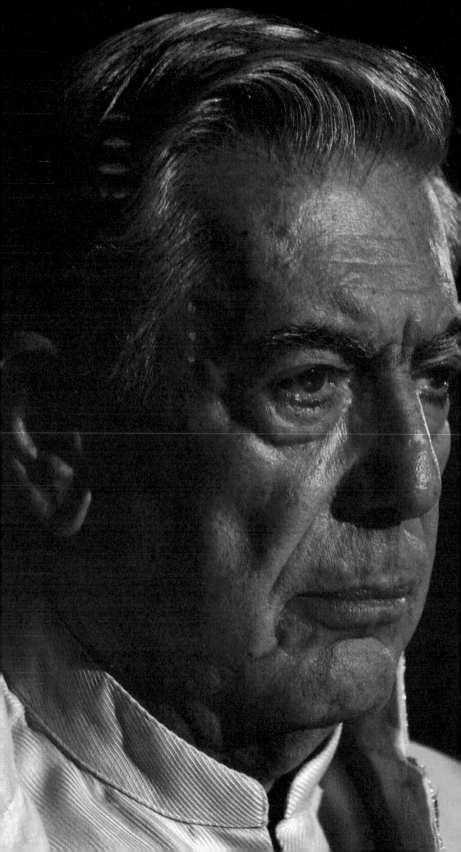

Gracias a su inventiva prodigiosa y a sus sutiles artes de contadora de cuentos, Sherezada salva su cabeza de la cimitarra del verdugo. Arreglándoselas cada noche para tener a su esposo y señor, el rey Sahrigar, fascinado por sus historias, e interrumpiendo su relato cada amanecer en un momento particularmente hechicero de la intriga, durante mil noches y una noche consigue aplazar su ejecución hasta que, al cabo de esos casi tres años, el sanguinario monarca sasánida le perdona la vida y comienza para la pareja su verdadera luna de miel.

Sherezada lleva a cabo una verdadera proeza, sin duda. No puede devolver la vida a las decenas de muchachas sacrificadas a lo largo de un año por el déspota salvaje que vengaba en esas efímeras esposas de una noche la humillación que había sufrido al verse engañado por sus disolutas concubinas de antaño, pero, con sus astucias de gran narradora, desanimaliza al bárbaro que hasta antes de casarse con ella era puro instinto y pulsión y desarrolla en él las escondidas virtudes de lo humano. Haciéndolo vivir y soñar vidas imaginarias, lo enrumba por el camino de la civilización.

No existe en la historia de la literatura una parábola más sencilla y luminosa que la de Sherezada y Sahrigar para explicar la razón de ser de la ficción en la vida de los seres humanos y la manera como ella ha contribuido a distanciarlos de esos oscuros orígenes de su historia en los que se confundían con los cuadrúpedos y las fieras. Y ésa es sin duda la razón de que Sherezada sea uno de los personajes literarios más seductores y perennes en todas las lenguas y culturas.

Para Sherezada contar cuentos que capturen la atención del Rey es cuestión de vida o muerte. Si Sahrigar se desinteresa o se aburre de sus historias, será entregada al verdugo con las primeras luces del alba. Ese peligro mortal aguza su fantasía y perfecciona su método y la lleva, sin saberlo, a descubrir que todas las historias son, en el fondo, una sola historia y que, por debajo de su frondosa variedad de protagonistas y aventuras, comparten unas raíces secretas, que el mundo de la ficción es, como el mundo real, uno, diverso e irrompible. Al bruto que la escucha y se deja llevar de la nariz por la destreza de Sherezada hacia los laberintos de la vida fantaseada donde permanecerá prisionero y feliz mil noches y una noche, aquella trenza de cuentos le enseñará que, dentro de la violenta realidad de matanzas, cacerías, placeres ventrales y conquistas en que ha vivido hasta ahora, otra realidad puede surgir, hecha de imaginación y de palabras, impalpable y sutil pero seductora como una noche de luna en el desierto o una música exquisita, donde un hombre vive las más extraordinarias peripecias, se multiplica en centenares de destinos diferentes, protagoniza heroísmos, pasiones y milagros indescriptibles, ama a las mujeres más bellas, padece a los hechiceros más crueles, conoce a los sabios más versados y visita los parajes más exóticos. Cuando el rey Sahrigar perdona a su esposa —en verdad, le pide perdón y se arrepiente de sus crímenes— es alguien al que los cuentos han transformado en un ser civil, sensible y soñador.

«Contar cuentos» es una expresión ambigua. Por una parte expresa un quehacer benigno, narrar historias para entretener a un auditorio, una acción con la que tradicionalmente los adultos suelen distraer a los niños, haciéndolos soñar. Pero cuando esta iniciativa se practica entre adultos pierde a veces su sentido sano, inofensivo y altruista y se carga de connotaciones negativas. «Contar cuentos» quiere decir, también, contar falsedades como si no lo fueran, mentiras que se quiere hacer pasar por verdades. Dentro de esta acepción, el cuentista no es el ameno contador de historias, sino un pícaro, un vivillo que utiliza una habilidad natural —la de inventar y narrar— a fin de disfrazar mentiras de verdades, con el propósito, no de ofrecer un poco de esparcimiento a su interlocutor, sino de timarlo. Del contador de historias al cuentista hay la distancia que separa lo lícito de lo ilícito, el bien del mal.

Esto parece claro, pero no lo es si lo miramos más de cerca. Pues en ese escrutinio asoma este inquietante descubrimiento: que lo único que diferencia al contador de historias del cuentista es la secreta intencionalidad con que ambos ejercen su oficio y que, en todo lo demás, son indiferenciables. Los dos inventan lo que no existió y gracias a sus palabras y a la destreza con que cuentan —su elocución y sus silencios, sus gestos y ademanes, su habilidad para ir desplegando los pormenores de lo que refieren— aquellas invenciones se van cargando de verosimilitud y realidad. Una vez que son creídas por el oyente dejan de ser mentiras: viven, son ciertas, ya forman parte de la realidad. No es la mentira del cuento, la invención que lo produce, ni las artes narradoras de quien lo relata a un auditorio lo que diferencia al cuentista aprovechador del contador desinteresado. Es el uso y abuso que hace cada cual de la ficción.

Para que la ficción del cuentista tenga los efectos que éste espera, aquélla debe durar en la memoria de su víctima no como lo que es —una mentira a la que las artes suasorias del narrador han dado apariencia de verdad— sino como una verdad objetiva, una descripción sin aditivos de una ocurrencia sucedida tal cual en el mundo real. Por el contrario, los cuentos del contador viven también en la memoria de su público, si han sido contados con magia, pero al salir del hechizo en que ha estado sumido en el curso del relato, éste sabe que le han contado un cuento, un espejismo, una fantasía, una mentira a la que el arte —el artista— ha insuflado una vida de verdad. Una vida que no desaparecerá al reconocer la conciencia del oyente que aquello sólo era un cuento, pero que vivirá sólo esa vida impalpable y subjetiva que tienen los personajes y aventuras que conserva la memoria.

Nunca desaparecerá del todo la ambigüedad conceptual —y ética— que rodea a la expresión «contar cuentos», porque en la realidad no es fácil determinar las fronteras entre verdad y mentira que separan a las ficciones del cuentista de las del contador. Y, por eso, un tema constante de la literatura ha sido el de aquellos personajes que como el Quijote o Madame Bovary sufren tremendas decepciones por creer que la realidad es como la muestran las ficciones de la literatura. El centro neurálgico del problema reside en el hecho de que los seres humanos, desde los comienzos de su historia, se han negado a aceptar las vidas que tienen y han buscado vivir otras, mediante la fantasía, a través de los cuentos. Ello nos ha deparado grandes dosis de sueño lúcido y de placer pero nos ha hecho también crédulos y sensibles a los embustes de la ficción.

El cuento es breve e intenso y, contrariamente a lo que suele creerse, está más cerca de la poesía que de la novela. Porque en él, como en aquélla, no puede haber elementos superfluos, prescindibles, todos los datos y palabras que lo componen deben ser necesarios para la cabal consumación de la historia. Ese carácter de unidad compacta e indisoluble lo tienen por igual el poema y el cuento logrados. En la novela, en cambio, un género que transcurre en el tiempo, en la que el discurrir es una condición imprescindible, alternan los episodios principales y los secundarios, los cráteres narrativos —en los que hay la máxima concentración de vivencias— y las situaciones y momentos que sirven de enlace o puente entre aquellos acontecimientos neurálgicos. Julio Cortázar comparó el cuento con una fotografía y la novela con una película. Es verdad, un buen cuento es como una instantánea, una imagen que, dotada de un enorme poder de sugestión, sugiere muchas otras, un contexto que aparece en la fantasía del oyente o lector en función de la riqueza sugestiva de lo que manifiesta la parte explícita del cuento. Por eso todo buen cuento es como la punta del iceberg, a partir de la cual se adivina todo un vasto contexto suprimido del relato. Además de la brevedad y la intensidad, un cuento logrado crea un enigma y lo resuelve de manera siempre inesperada y sorprendente. Ese suspenso que surge en el relato se incrementa y, luego, súbitamente, se resuelve con una revelación que maravilla y desconcierta y, a veces, lleva al oyente o lector a reconsiderar todo lo oído o leído hasta entonces de una manera totalmente diferente.

Ese suspenso es el arma principal de Sherezada para ir prolongando su vida cada amanecer. Sahrigar, curioso por saber cómo se resuelve aquella intriga, va aplazando la hora del verdugo y, de este modo, va cediendo, haciendo concesiones, poniéndose a merced de la astuta narradora que lo va derrotando a la vez que lo va seduciendo y embriagando de ficciones.

Las mil noches y una noche no es un libro árabe traducido a las lenguas occidentales, como se suele creer. Sus orígenes son remotos, intrincados y misteriosos. Se trata de multitud de historias, orales y escritas, de origen principalmente persa, indio y árabe, pero también de otras culturas menos extendidas, algunas antiquísimas, procedentes las más viejas de los siglos IX y X, aunque sobre todo del siglo XIII, que, a partir del siglo XVIII fueron recopiladas y vertidas al francés, al inglés y al alemán por arabistas europeos. El primer traductor europeo de *Las mil noches y una noche* fue el francés Antoine Galland (1646-1715). Esta traducción tuvo un éxito extraordinario y fue vertida a su vez a otras lenguas europeas. La enorme difusión de estos relatos en Europa y el prestigio que alcanzaron hicieron que en el mundo árabe, donde hasta entonces eran desdeñados por los intelectuales como literatura barata y populachera, se rectificara este criterio y empezaran a aparecer las primeras recopilaciones en la lengua original de la mayoría de los cuentos. Recomiendo a quien quiera orientarse en esta enmarañada genealogía los eruditos estudios del arabista español Juan Vernet, uno de los mejores traductores al español de los célebres relatos.

En el siglo XIX aparecieron las primeras versiones directas al inglés, las de los orientalistas Edward William Lane y Sir Richard Burton, que, al igual que la de Galland, se difundirían por el mundo entero. Desde entonces las traducciones directas o indirectas de *Las mil noches y una noche* se multiplicarían en todas las lenguas al extremo de competir con la Biblia y Shakespeare en ser el libro más divulgado, adaptado, traducido, vestido y desvestido de la historia. La que más circuló, por largo tiempo, en el ámbito de la lengua española fue la retraducción que hizo Vicente Blasco Ibáñez de la versión francesa del pintoresco doctor J. C. Mardrus, la más cargada de erotismo que se conoce. Luego, aparecerían varias más, directas del árabe.

Lo característico de estas traducciones es que prácticamente ninguna es idéntica a la otra. O porque cada traductor se sirvió de diferentes manuscritos, o porque lo que añadió o quitó fue tan grande como los mismos cuentos originales que utilizó, o porque las tendencias morales, religiosas y estéticas de cada época y sociedad lo empujaron a dar una orientación determinada a los textos traducidos, el hecho es que las diferencias entre las distintas versiones de estos relatos son probablemente mayores que los parecidos, como mostró Borges en su célebre ensayo, *Los traductores de Las mil y una noches,* incluido en *Historia de la eternidad.* Lo cual quiere decir que, aunque orientales en su origen, los cuentos de *Las mil noches y una noche* forman parte también, de pleno derecho, de la literatura occidental. Y, como todo texto clásico —pero más que cualquiera de ellos por su naturaleza proteica y su origen colectivo y plural—, son susceptibles de ser leídos e interpretados de manera distinta por cada generación de lectores. La buena literatura, como la vida, nunca se está quieta: evoluciona, se adapta, se renueva y, sin dejar de ser la misma, es siempre otra, con cada época y lector.

Para escribir mi propia versión he consultado distintas traducciones, pero sobre todo la —excelente— de Dolors Cinca y Margarita Castells, publicada por Ediciones Destino el año 1998 (2006, 7.ª reimpr.). He intentado una adaptación minimalista para el teatro, que consta sólo de dos intérpretes pero de muchos personajes. Los actores que representan el espectáculo encarnan sus propios roles y a su vez se metamorfosean en el rey Sahrigar y Sherezada y en los diversos protagonistas de las historias que aquélla cuenta al Rey para escabullirse del verdugo. Mi versión es muy libre. Respetando vagamente la estructura primigenia de algunos relatos —entre ellos no figura ninguno de los más conocidos—, recrea sus contenidos —añadiendo y recortando— desde lo que podría llamarse una sensibilidad moderna.

Los personajes principales ejercen y disfrutan el placer de contar, una de las más antiguas formas de relación desarrolladas entre los seres humanos, una vez que tuvieron que agruparse en comunidades para defenderse mejor de la fiera, las inclemencias del tiempo y las tribus enemigas y para procurarse el sustento. Como Sherezada al rey Sahrigar, esas historias que ardían en la caverna primitiva, alrededor del fogón que apartaba a las alimañas, fueron humanizando a sus oyentes. Porque con el primitivo contador de historias comienza todo: lo que serían, siglos más tarde, el teatro y la literatura, por ejemplo, y todas las formas y géneros que, como aquéllos, levantan, paralela a la vida de verdad, una vida de mentiras: la ficción. Los orígenes del contador de cuentos se difuminan en los albores de la vida primitiva, cuando surgen el lenguaje y las primeras comunidades humanas, y la función que cumple tiene sin duda una naturaleza religiosa, es la de un vidente, chamán o iluminado, alguien dotado de un poder que sus oyentes debían de considerar sagrado y trascendente, venido del más allá, dictado sin duda por las ignotas deidades que roncaban con el trueno, llovían con la lluvia e iluminaban de noche el cielo con los rayos y relámpagos.

Debió de pasar mucho tiempo antes de que el contador de historias se desprendiera de su aureola religiosa y adoptara la de una institución laica cuya razón de ser era simplemente hacer soñar a sus oyentes con las vidas imaginarias que inventaba. El contador de cuentos, con la aparición de la escritura, se convertiría en escritor —cuentista o novelista—. Pero antes se había convertido en actor y comediante, en cómico y acaso cantante y bailarín. Porque en un momento dado de su evolución, el contador de cuentos comenzó no sólo a contar sino a representar las historias, una manera más directa y viva de comunicarlas a un público. Por eso no es arbitrario decir que esas historias con que el contador mantenía suspensos al hombre y a la mujer de las cavernas son el despuntar de la civilización, el punto de arranque de ese prodigioso camino que llevaría a los seres humanos, al cabo de los siglos, a los grandes descubrimientos científicos, a la conquista de la materia y del espacio, a la creación del individuo, de los derechos humanos, de la democracia, de la libertad y, también, ay, de los más mortíferos instrumentos de destrucción que haya conocido la historia. Nada de eso hubiera sido posible sin el apetito de vida alternativa, de otro destino distinto al propio, que hizo nacer en la especie la idea de inventar historias y contarlas, es decir, de hacerlas vivir y compartir mediante la palabra y, luego, más tarde, la escritura. Ese quehacer, esa magia, refinó la sensibilidad, estimuló la imaginación, enriqueció el lenguaje, deparó a hombres y mujeres todas las aventuras que no podían vivir en la vida real y les regaló momentos de suprema felicidad.

Eso es también la literatura: un permanente desagravio contra los infortunios y frustraciones de la vida. Como en una obra mía anterior, *Odiseo y Penélope,* en *Las mil noches y una noche* el teatro, la lectura y el contador de historias se funden para dar una versión en formato menor de un gran clásico de la literatura.

Debo a mis queridos y admirados amigos Aitana Sánchez-Gijón y Joan Ollé, compañeros y maestros de aventura teatral, sugerencias e ideas que corrigieron muchas imperfecciones de mi texto. Durante los ensayos, en el Madrid sofocante de julio, al hacer pasar el texto de mi versión por la prueba decisiva de la representación hice ya muchos cambios, con los que la obra se dio, en los Jardines de Sabatini, durante los madrileños Veranos de la Villa, los días 2, 3 y 4 de julio. Pero todavía luego de exponerla al público hice nuevas correcciones, de modo que la versión que vieron de *Las mil noches y una noche* los espectadores de Sevilla, el 17 y el 18 de julio, y los de Tenerife, el 26 y 27 del mismo mes, fue algo distinta —y mejor, espero— de la del estreno madrileño. Éste es el texto que ahora se publica.

Madrid, julio de 2008

A Joan Ollé, por
aquello del
ménage à trois

LAS MIL NOCHES Y UNA NOCHE

Madrid / Washington D. C. / Lima / Marbella /
París / Nueva York

2006-2008

I

El rey Sahrigar y su nueva esposa

MARIO

Otra vez en un escenario los dos juntos, querida
Aitana.

AITANA

Otra vez, querido Mario. Como hace tres años en
Barcelona, y luego en Guadalajara (México), Madrid
y Mérida.

MARIO

Juntos para contar historias, otra vez.

AITANA

Para contarlas y vivirlas, querrás decir.

MARIO

Tienes razón. Para contarlas, vivirlas y, a ratitos,
hasta leerlas.

AITANA

¿Ya no tienes el pánico escénico de las otras veces?

MARIO

Lo tengo siempre, vivito y coleando. Pero creo que ahora lo disimulo mejor.

AITANA

Vas aprendiendo el oficio, entonces.

MARIO

Trato, luchando contra el tiempo.

Pausa.

AITANA

¿Por qué vamos a contar historias de *Las mil noches y una noche*?

MARIO

¿No te gustan?

AITANA

Claro que sí. Me las contaban y me las leían de niña, en casa. Alí Babá y los cuarenta ladrones.

MARIO

Simbad el marino.

AITANA

El genio encerrado en una botella en el fondo del mar al que rescató un marinero desprevenido...

MARIO

A mí me las contaban y leían también mi madre y mis abuelos, cuando era de este porte.

AITANA

¡Oooh!

MARIO

Como a los niños de todo el mundo, sin duda. Son los cuentos infantiles más famosos. *(Pausa.)* Y, sin embargo, en su origen, esos cuentos no tuvieron nada de infantil, pues nacieron de una historia truculenta y feroz.

AITANA

¿Truculenta y feroz? Buen comienzo. Cuéntalo.

MARIO

En un tiempo muy remoto, mítico, un rey sasánida llamado Sahrigar descubrió que, cuando salía de cacería o a la guerra, su esposa y las concubinas de su harén se entregaban a orgías con los esclavos y eunucos del palacio. Furioso, los mandó matar a todos y a todas. Y concibió una venganza terrible, contra el género femenino en general. Cada día desposaba a una virgen, la poseía y la hacía decapitar a la salida del sol. Aterradas, las familias sasánidas con hijas jóvenes huyeron del reino. Pero, por increíble que parezca, la hija del visir o primer ministro del rey Sahrigar, una bella muchacha llamada Sherezada, pidió a su padre que la casara con el sanguinario soberano. El visir no tuvo más remedio que aceptarlo. La misma noche de bodas, luego de poseer a su flamante esposa, el rey Sahrigar se quedó observándola, intrigado.

Aitana se ha transformado en Sherezada y adopta una postura sumisa, acuclillada, con la cabeza baja. Mario, convertido en el rey Sahrigar, da vueltas a su alrededor sin quitarle los ojos de encima.

SAHRIGAR

Eres bella, Sherezada. Ha sido grato poseerte. Me has hecho gozar de una manera que ya apenas recordaba.

SHEREZADA

Gracias, señor.

SAHRIGAR

Pero no es por tu belleza que te observo de esta manera. Quiero desentrañar el secreto que escondes debajo de tus formas hermosas. *(Pausa.)* ¿Qué te propones, Sherezada?

SHEREZADA

Daros una vida placentera. Contentar vuestros caprichos. Haceros gozar todas las noches como esta noche.

SAHRIGAR

Mientes. Sabes que serás mi esposa sólo unas horas más y que al amanecer tu cabeza rodará bajo la cimitarra del verdugo, como las de todas las muchachas que desposé a lo largo del año. Pero ellas no se casaron conmigo por su voluntad. Fueron acarreadas por mis soldados al sacrificio. Tú, en cambio, has querido ser mi esposa. ¿Por qué lo has hecho? ¿Creías que tu belleza te libraría de correr la suerte de las otras?

SHEREZADA

(Sin inmutarse.) Ser vuestra esposa, aunque sea por una noche, es el más alto honor a que puede aspirar una mujer de vuestro reino, señor.

SAHRIGAR

Mientes otra vez. *(Pausa.)* Tal vez no te importe morir. Tal vez la idea de ser la esposa del Rey, aunque sea por un día, satisfaga tu vanidad y estés dispuesta a pagar ese precio. La verdad, tu empeño en casarte conmigo me intriga. Ya averiguaré la razón. La noche tiene bastantes horas para arrancarte el secreto. *(Pausa.)* ¿No sabías que odio a las mujeres?

SHEREZADA

Lo sabía muy bien. *(Pausa.)* No sois el único rey que nos odia. Ha habido otros en la historia. No os vaya a pasar, señor, lo que le pasó al príncipe Camar Asamán, hijo de Sharamán, rey de Jalidán. Él también odiaba a las mujeres.

SAHRIGAR

¿Qué le pasó a ese príncipe? ¿Quién era él?

La orquesta toca la música que servirá de leitmotif *cada vez que Sherezada comience una narración y que hará de música de fondo a ciertos episodios de la acción.*

II
El príncipe que odiaba a las mujeres

SHEREZADA

El príncipe Camar Asamán fue el joven más bello que se vio nunca en el reino de Jalidán. Tenía la esbeltez de un sauce y la delicadeza de una gacela. Y dotes excepcionales para las artes y el estudio. Era muy serio y detestaba las diversiones. Cuando cumplió veinte años, su padre, el rey Sharamán, decidió abdicar en su favor. Pero para poder heredar la corona, el príncipe debía antes casarse.

SAHRIGAR

(Convertido en el príncipe Camar Asamán.) Lo siento, padre. No tengo la menor inclinación por las mujeres. He leído mucho sobre sus mañas e intrigas. Sé que todo lo enredan y hacen perder el tiempo y la paciencia a sus maridos. Las aborrezco.

SHEREZADA

El rey de Jalidán pensó que se trataba de un capricho juvenil. Dejó que transcurriera un año antes de preguntar de nuevo a su hijo si estaba dispuesto a casarse a fin de sucederlo en el trono.

CAMAR ASAMÁN

¿Casarme yo? ¡Antes muerto! ¿No os he dicho que detesto a esas intrigantes codiciosas e inútiles que son las mujeres? Nunca me casaré, padre.

SHEREZADA

El rey Sharamán esperó otros seis meses, pensando que tarde o temprano el príncipe cedería. Esta vez, en lugar de hablar con él a solas, lo hizo delante del Consejo del Reino. Ante los emires, visires, chambelanes, próceres y jefes militares de Jalidán, le preguntó: «¿Has entrado por fin en razón, hijo?».

CAMAR ASAMÁN

¿Otra vez la maldita historia del matrimonio? ¿Cuántas veces debo deciros que no me casaré nunca, padre? ¿Qué tengo que hacer para que lo entendáis de una vez por todas?

SHEREZADA

Enfurecido con esta respuesta, el soberano hizo encerrar al príncipe en la torre más destartalada de la ciudadela de Jalidán. Puso guardias armados en su puerta, día y noche. Pensaba que, de este modo, Camar Asamán escarmentaría y... Ah, señor, en las ventanas apuntan ya las luces del amanecer. ¿No es la hora de...?

SAHRIGAR

La hora de que mueras, cierto. El verdugo está esperándote, con la cimitarra lista. *(Duda.)* Pero me gustaría saber antes qué ocurrió con ese príncipe. La ejecución puede esperar un día más. Sigue, Sherezada.

Cambio de luz en el escenario. El amanecer, que ha ido despuntando cuando lo anunciaban las palabras de Sherezada, desaparece y por unos segundos el escenario queda en la oscuridad, para sugerir el paso de un nuevo día. Cuando vuelve a iluminarse, el cielo tiene otra vez ese color azul añil intenso y la redonda luna, de un amarillo exagerado, de «noche oriental».

SHEREZADA

Al pie del torreón donde estaba encerrado Camar Asamán, en un pozo lleno de murciélagos y telarañas, habitaba un genio hembra. La sílfide Maimuna. Ésta divisó de pronto en la torre una luz de candil y tuvo curiosidad. Convertida en aire, se introdujo en la celda. Al contemplar al joven que dormía, exclamó, boquiabierta:

MAIMUNA *(VOZ OFF)*

¡Bendito sea el creador de esta maravilla!

41

SHEREZADA

Quedó deslumbrada, y, mientras proseguía su revoloteo nocturno, se encontró con otro genio alado, Danhás, hijo de Shamburús, de la estirpe de los genios infieles.

MAIMUNA *(VOZ OFF)*

¡Salud, Danhás!

DANHÁS *(VOZ OFF)*

¡Salud a ti, Maimuna! Vengo del reino de Kashgar, en la China. Y todavía no salgo de mi asombro. Pues he visto allá, en el palacio del rey Gayur, a su hija, la más bella criatura que haya aparecido jamás entre los humanos. Nunca imaginé unos ojos, una cintura, unos pechos y un pelo comparables a los de la princesa Budur.

MAIMUNA *(VOZ OFF)*

Qué coincidencia, Danhás. Yo acabo de contemplar, en una celda de aquella torre, al ser más bello de la creación: el príncipe Camar Asamán. Te aseguro que tu princesa no le llega ni al polvo de su sandalia.

DANHÁS *(VOZ OFF)*

¿Quieres que los comparemos? Iré a la China, traeré a la princesa Budur dormida y la pondremos junto a tu príncipe. Así sabremos cuál es más bello.

Lo hicieron. Danhás trajo por los aires, dormida y cubierta apenas con una camisa transparente, a la princesa Budur. La instalaron en el lecho donde Camar Asamán dormía semidesnudo. Los genios quedaron pasmados: ambos jóvenes eran tan hermosos que resultaba imposible decidir quién lo era más.

En eso, el príncipe Camar Asamán se despertó. Al descubrir otro cuerpo a su lado, quedó estupefacto. Con los ojos que se le salían de las órbitas, admiró los encantos de la muchacha dormida a través de su camisa de seda.

CAMAR ASAMÁN

¡Qué maravilla, Dios mío! Ésta debe ser la doncella con quien mi padre quería casarme. He sido un insensato hablando tan mal de las mujeres. Mañana pediré perdón al Rey de rodillas y le rogaré que se celebre cuanto antes mi boda con esta criatura de sueño. *(Pausa.)* ¿Estará mal que la acaricie? ¿Que la bese? Mi cuerpo arde de deseo por tocarla. ¿Es así el amor que cantan los poetas? Qué impagable felicidad pasar el resto de la vida junto a un ser tan adorable. Tiene un anillo de oro. *(Haciendo lo que dice.)* Se lo quitaré y me lo pondré, para que al despertar sepa que ya estamos comprometidos. Qué me pasa, por qué me ataca el sueño. Yo no quiero dormir todavía...

SHEREZADA

(Convertida en la princesa Budur.) ¿Dónde estoy?
¿Qué significa esto? ¿Quién me ha traído aquí? ¡Ay, un
hombre, Dios mío! *(Lo contempla con incredulidad y
admiración.)* ¡Qué apuesto es! ¿Será éste el varón con el
que mi padre quería casarme? Si lo hubiera sabido, no
me habría negado a la boda. ¡Qué bello es! ¿Se desperta-
rá si lo acaricio? No, sigue dormido. Su piel parece de
terciopelo y de rocío. No puedo resistir el deseo de jun-
tar mis labios con los suyos. Dios mío, todo mi cuerpo
se ha puesto a vibrar y tengo el pulso enloquecido.
Ahora lo sé. Esto es el amor que celebran las canciones.
Pero si lleva mi anillo en su mano. Sí, sí, él tiene que ser
el marido que escogió mi padre para mí. ¿Por qué se
me cierran los ojos? Yo no quiero dormir, yo quiero...

SAHRIGAR

Danhás se llevó a Budur por los aires a su reino de
Kashgar, en la China, y la depositó en su alcoba.
Regresó a reunirse con la sílfide Maimuna. El resto de
la noche, la pareja convocó a una muchedumbre de genios infieles y Danhás y Maimuna celebraron a la luz de
los luceros una gran fiesta con alaridos, entreveros y música frenética, como siempre que urdían algún enredo
en el mundo de los seres humanos.

*El trío de músicos irrumpe con una melodía estruendosa
y de expresión de júbilo.*

III
El príncipe melancólico

CAMAR ASAMÁN
A la mañana siguiente, al despertar, el príncipe Camar Asamán descubrió que la bella joven de la víspera había desaparecido de su celda. Angustiado, comenzó a dar voces. «¡Guardias, guardias!» «¿Qué habéis hecho con la muchacha que pasó aquí la noche conmigo?» «¿Dónde la habéis llevado?» «¿Dónde está?»

SHEREZADA
«¿Qué decís, señor?» «¿Una muchacha aquí?» «Nadie ha entrado ni salido por esta puerta en toda la noche.»

CAMAR ASAMÁN
¡Mentís, bellacos! Y por esa mentira haré que mi padre os haga cortar las orejas y la nariz. ¿Qué habéis hecho con esa joven, malditos? ¡Responded!

SHEREZADA
«¿Qué te pasa, hijo mío?» «¿De qué muchacha hablas?»

CAMAR ASAMÁN

(*Arrodillándose.*) De la que estuvo aquí, anoche, a mi lado. La mujer más bella de la creación, padre. ¿Es ella la que elegisteis para mí, verdad? Os pido humildemente perdón por haberme negado a casarme, según vuestros deseos. Os prometo que con ella sí me casaré. Y tendremos muchos hijos que aseguren la continuación de vuestra estirpe.

SHEREZADA

«Desvarías, hijo mío.» «Esa mujer no existe, la has soñado.» «Pero no te preocupes.» «Buscaré a la doncella más bella del reino para reemplazar a ese fantasma.»

CAMAR ASAMÁN

Nadie podrá reemplazar a la mujer que amo, padre. Veo que vos tampoco me creéis. ¡No era un fantasma, sino una mujer de carne y hueso! ¿Queréis una prueba? ¿Veis este anillo? Es de ella. Anoche lo saqué de su dedo y lo puse en el mío, para sellar mi compromiso de amor. ¿Acaso tenía yo ayer este anillo en mi mano?

SHEREZADA

El rey Sharamán quedó confuso al ver aquel anillo, que, en efecto, nunca había pertenecido al príncipe. Llevó a su hijo a las habitaciones reales y consultó a los sabios, adivinos y astrólogos de la corte. Ninguno consiguió resolver el misterio. Camar Asamán cayó en una profunda melancolía. Se pasaba los días en sus aposentos, desinteresado de todo, sin abrir la boca, comiendo apenas, los ojos fijos en el mar.

SAHRIGAR

¿Y qué fue de ella mientras tanto, Sherezada? La del anillo, la princesa Budur.

El trío de músicos inicia el leitmotif *musical que acompaña las narraciones de Sherezada.*

IV
La princesa Budur y los astrólogos

SHEREZADA
Cuando la princesa Budur se despertó a la mañana siguiente en sus aposentos del palacio de Kashgar y no vio a su lado al hombre con el que había pasado la noche, tuvo un ataque de desesperación. Llamó a gritos a las sirvientas y a su ama de llaves. «¿Dónde está el apuesto joven con el que dormí anoche?» «¿Qué habéis hecho con él?» «¿Dónde lo habéis ocultado?» «Si le ha ocurrido algo, os haré cortar el pescuezo.»

REY GAYUR
¿Qué ocurre, hija? Qué escándalo haces. Tienes a todo el palacio en revolución.

PRINCESA BUDUR
Padre, yo sé que vos tramasteis todo lo que sucedió ayer en vuestro empeño por casarme. Tranquilizaos: me habéis convencido. Me casaré con el hermoso joven con el que me hicisteis pasar la noche.

REY GAYUR

(*Estupefacto.*) ¿Qué dices? ¿Un hombre aquí, en tu alcoba, toda la noche? ¿Eso has dicho? ¿Te has vuelto loca, Budur?

PRINCESA BUDUR

¿Dónde está? Quiero verlo. Lo amo, padre. Seré suya y de nadie más. ¿Qué habéis hecho con él?

REY GAYUR

Algún genio malvado se te metió en la cabeza y fraguó esas visiones tan perversas, hija mía.

PRINCESA BUDUR

¡No he visto visiones! Era un joven hermoso, alto y atlético, de facciones delicadas. De carne y hueso, como tú y como yo. He acariciado su cuerpo con estas manos. He sentido sus labios, cuando lo besé. Todavía tengo en mi boca el sabor de su saliva.

REY GAYUR

¡Dios mío, Dios mío! ¡Mi hija ha enloquecido! ¡Está poseída! Basta de obscenidades. ¡Guardias! Poned unos grilletes a la princesa y encadenadla, para que el demonio que tiene en el cuerpo no haga daño a nadie más. Por qué me castigas así, Dios mío, haciéndole esto a la muchacha más pura del reino, a la más preciosa flor de mi vejez.

SHEREZADA

El rey Gayur, desesperado, anunció al Consejo del Reino que movería cielo y tierra hasta encontrar a alguien capaz de curar a su hija favorita.

REY GAYUR

Yo, Gayur, rey de Kashgar, convoco a todos los astrólogos, sabios, estrelleros, filósofos, eminencias y magos del reino, para que salven a la princesa Budur. Ofrezco, al que la libere del demonio y le devuelva la razón, casarlo con ella y hacerlo mi heredero. Pero quien lo intente y no lo consiga, será decapitado. No permitiré que nadie vaya por el mundo jactándose de haber visto a la princesa en la intimidad.

SHEREZADA

Pese al riesgo que corrían, muchos astrólogos y magos intentaron curar a Budur de su supuesta enfermedad. El primero, miembro del Consejo y famosísimo astrólogo, fue recibido por la princesa con un ataque de cólera. «¿Qué haces en mis habitaciones, astrólogo?» «Yo no estoy enferma ni endemoniada.» «Lo único que pido es que me traigan al hermoso joven que durmió anoche conmigo.» «Cuando estemos juntos, todos veréis que la princesa Budur es la mujer más normal del mundo.»

ASTRÓLOGO

Majestad: la princesa Budur no está enferma. Tampoco hechizada. Ha caído prisionera de un dios sutil e invulnerable. Está enamorada. Ante el fuego del amor mi ciencia es inútil. No puedo apagar las llamas que abrasan su corazón. El verdugo puede afilar su cimitarra. Aquí tenéis mi cabeza, señor.

SHEREZADA

El astrólogo fue decapitado, en efecto. Pese a ello, en los días siguientes, más de ciento cincuenta médicos, magos, curanderos, estrelleros y sabios intentaron también encontrar remedio para el mal de amores de la princesa Budur. Todos perdieron la cabeza bajo la cimitarra. *(Pausa. La luz del amanecer ha aparecido en el cielo.)* Aparece el nuevo día, señor. ¿Debo marchar donde el verdugo, yo también?

SAHRIGAR

No. Sigue contando, Sherezada.

El trío de músicos interpreta la melodía que acompaña el arranque de las historias que cuenta Sherezada.

V
Marsuán el justiciero

SHEREZADA

La princesa Budur tenía un hermano de leche llamado Marsuán, hijo del ama que la había criado. Era un joven culto, que había viajado por el ancho mundo estudiando astrología, matemáticas y las artes de la adivinación. Se había convertido en un maestro del astrolabio. Cuando oyó que Budur estaba loca y poseída, se apresuró a volver a Kashgar. Su madre lo recibió entre feliz y recelosa. «¿Tú aquí, de vuelta, Marsuán?» «¿Te has enterado de las cosas terribles que pasan en el reino, hijo mío?»

MARSUÁN

No se habla de otra cosa en todas partes, madre. El infortunio de mi hermana Budur circula por las cortes, los campamentos, los templos y es objeto de cantos y decires de los cómicos. *(Pausa.)* Acabo de ver, colgadas en los muros de palacio, las cabezas de los astrólogos que trataron de curarla. ¿Es cierto que la princesa ha perdido la razón?

EL AMA

No lo sé, hijo. El rey Gayur la ha hecho encadenar. Llora y grita todo el día. ¡Pobrecilla!

MARSUÁN

Debo verla, madre, para saber si puedo ayudarla. Introdúceme en palacio. Tú tienes cómo hacerlo.

SHEREZADA

El ama tenía mucho miedo por su hijo. Pero Marsuán insistió tanto que su madre, disfrazándolo de mujer, lo llevó hasta las habitaciones donde el rey Gayur tenía encerrada a la princesa. En medio de su aflicción, Budur se alegró al reconocer a su hermano de leche.

MARSUÁN

¡Budur, hermana querida! Qué tristeza verte en este estado, encadenada como una fiera. Apenas supe la noticia, corrí hasta aquí. ¿Puedo ayudarte de algún modo?

SHEREZADA

«La única manera de ayudarme, hermano querido, es encontrando al joven que amo.»

MARSUÁN

¿Dices que viste tu anillo en su mano? Claro que recuerdo tu anillo, Budur. Mostraba una sierpe devorando un pajarillo. Era de oro engarzado en lapislázuli. Pues, ese anillo me ayudará a encontrar a tu amado. Ten paciencia y resiste el infortunio, hermana. Recorreré el mundo hasta dar con él. Y lo guiaré hasta aquí. Te lo juro. No desesperes.

SHEREZADA

Al escuchar la aventura de la princesa, Marsuán tuvo un pálpito. Y la asoció a otra historia, que había oído también por doquier, en su trajinar por el mundo: la del príncipe Camar Asamán, de Jalidán, del que se decía que estaba muriendo de melancolía, víctima de un extraño mal. Marsuán embarcó en el primer velero que partió en ese rumbo. Le tomó seis meses divisar las costas de Jalidán. Para su desgracia, o, más bien, para su suerte, la embarcación en la que viajaba zozobró poco antes de atracar. Era un excelente nadador y consiguió llegar hasta la costa. La sabiduría del Omnipotente hizo que quedara varado en una playa a la que daban los jardines de palacio. Allí lo recogieron y lo llevaron ante el rey Sharamán.

MARSUÁN

Agradezco a Dios, Majestad, que me haya permitido llegar hasta aquí a besar vuestros pies. Vengo desde muy lejos, enterado de la tristeza que embarga al príncipe Camar Asamán. Tal vez mi ciencia de las estrellas pueda devolver a vuestro hijo la alegría y el amor a la vida.

SHEREZADA

Esperanzado, el rey Sharamán lo llevó a las habitaciones del príncipe. Apenas divisó en su mano el anillo de la princesa, Marsuán supo que él era el joven que buscaba. Se acercó a Camar Asamán y le murmuró al oído:

MARSUÁN

Señor, la mujer que pasó la noche con vos, en la torre de la ciudadela, es la princesa Budur, hija del rey Gayur, de Kashgar. Ella os ama y está muriendo a pocos, de añoranza, por culpa de ese amor. Su situación es trágica, pues la creen loca. Yo vengo de allá, soy su hermano de leche y conozco de memoria el anillo que brilla en vuestra mano. Ánimo. Tenemos que actuar de inmediato, si queremos salvar a la princesa.

Pausa.

SHEREZADA

Ha amanecido, Majestad.

SAHRIGAR

(Cogiéndola del mentón y examinándola con curiosidad.) Pareces impaciente por morir, Sherezada. ¿Te atrae la muerte? ¿Es por eso que te empeñaste en casarte conmigo? ¿Sueñas con ser una mártir?

SHEREZADA

No, señor. Sólo quiero obedeceros. Vos me dijisteis...

SAHRIGAR

Yo sé muy bien lo que te dije. *(Examinando con fascinación los ojos de Sherezada.)* Sobra el tiempo para eso. Por el momento, te quiero viva, no muerta.

Los tres músicos tocan la melodía que acompaña el comienzo de las historias de Sherezada.

VI
El milagro del falso astrólogo

SHEREZADA

Al oír las palabras de Marsuán, el príncipe Camar Asamán se sintió resucitar. Abrazó al recién llegado, se levantó del lecho y pidió de comer. En pocas horas recobró los colores y su risa volvió a alegrar los corredores del palacio. El rey Sharamán cubrió de regalos al astrólogo y celebró con banquetes, dádivas y fiestas populares la recuperación del príncipe. Camar Asamán sólo tenía una idea en la cabeza.

CAMAR ASAMÁN

Marsuán, amigo. Debo partir al encuentro de la princesa Budur. Pero mi padre me tiene un cariño enfermizo y nunca me dará autorización para alejarme tanto tiempo de Jalidán.

SHEREZADA

El astrólogo tramó una estrategia teatral. Indicó a Camar Asamán que dijera a su padre que tenía ganas de salir de cacería con Marsuán. Ellos dos solos, sin guardias ni criados. Y preparó una caravana de caballos y camellos con provisiones y agua para una larga travesía. De este modo pudieron abandonar el palacio. Para evitar ser perseguidos por los ejércitos del rey Sharamán, simularon que el príncipe Camar Asamán había muerto. Mancharon con sangre una de sus camisas y la dejaron tirada junto al cadáver de un caballo en un cruce de caminos. Meses después, luego de cruzar desiertos, cordilleras y océanos, llegaron a los dominios del rey Gayur. Allí, el generoso Marsuán se despidió de Camar Asamán.

MARSUÁN

Ya no puedo hacer nada más por mi hermana Budur. Ahora, todo depende de vos, príncipe Camar Asamán. Os dejo, como regalo, una tableta de adivinación, un astrolabio chapado de oro, un tintero, cálamos de esmeralda y un pliego de pergamino. Os servirán para llegar hasta Budur.

SHEREZADA

El príncipe Camar Asamán fue a los baños y se disfrazó de estrellero. Se instaló en la explanada de palacio a ofrecer sus servicios, como hacían los adivinadores, los cómicos, los domadores de pulgas y de osos y los guerreros mercenarios. Las gentes que lo oyeron lo creían trastornado.

CAMAR ASAMÁN

¡Astrólogo, escriba, mago y adivino recién llegado al reino de Kashgar desde la China y el Tíbet!

SHEREZADA

«¡Deja de gritar que te oirán en el palacio, insensato!»

CAMAR ASAMÁN

¡Ofrezco mi ciencia, mi sabiduría y mis poderes ocultos para expulsar todos los males del alma y del cuerpo!

SHEREZADA

«¿No sabes lo que le espera a cualquier astrólogo que aparezca por esta tierra?»

CAMAR ASAMÁN

¡Astrólogo, escriba, mago y adivino!

SHEREZADA

En Kashgar no se había vuelto a ver un estrellero, después de los ciento cincuenta astrólogos decapitados por fracasar en sus intentos de sanar a la princesa Budur. Pero el príncipe continuó allí hasta que consiguió que los guardias lo apresaran y lo llevaran ante el rey Gayur.

CAMAR ASAMÁN

He adivinado lo que le ocurre a vuestra hija, Majestad. Yo puedo curarla. Sé que perderé la cabeza si fracaso. Pero confío en mi larga experiencia de los sufrimientos humanos y en la sabiduría de las estrellas. No necesito ver en persona a la princesa para librarla de su mal. Me bastará con escribirle una carta.

SHEREZADA

El príncipe se sentó en un escritorio y, en el pergamino y con los cálamos de Marsuán, le escribió con hermosa caligrafía un poema titulado:

CAMAR ASAMÁN

«El solitario amante de la luna a su altiva enamorada.»

Camar Asamán escribe en el aire, con una pluma de ganso, de derecha a izquierda, el poema que describe Sherezada.

SHEREZADA

En versos trémulos de delicadeza le decía que él era el joven de la torre de Jalidán con el que había pasado la noche y que, en prueba, le devolvía el anillo que le quitó. La princesa, al leer la carta y reconocer su anillo, perdió el sentido.

CAMAR ASAMÁN

Cuando volvió en sí era la mujer más feliz de la Tierra.

SHEREZADA

«¡Dios mío, eres tú! Has venido, por fin. Te llamas Camar Asamán y eres un príncipe.» «¡Padre, estoy sana, por fin! Gracias a Dios y a este sabio he recobrado la razón y la vida. Mandad pregoneros por todos los rincones de Kashgar diciendo que este joven será mi esposo.»

CAMAR ASAMÁN

Así lo hizo el rey Gayur. La boda de la princesa Budur y el príncipe Camar Asamán se alargó un mes entero y participaron en ella todos los pobladores de Kashgar. Ambos fueron muy felices...

SHEREZADA

Hasta que un día...

SAHRIGAR

¿Hasta que un día qué, Sherezada?

SHEREZADA

¿No veis esa línea celeste detrás de las celosías? El nuevo día, señor.

SAHRIGAR

«Fueron muy felices hasta que un día...» Yo también era muy feliz, sumergido en las aguas de tu cuento, hasta ahora. Debería castigarte, pero, tampoco tengo el menor deseo de verte sufrir. Algo extraño me ocurre contigo. Aún no descubro qué es. Tu voz me apacigua, tus cuentos me vuelven bueno, Sherezada.

Se oscurece el escenario y los músicos interpretan el leitmotif *musical de las narraciones de Sherezada.*

VII
El príncipe y el pájaro ladrón

SHEREZADA

Fueron muy felices hasta que un día el príncipe Camar Asamán decidió retornar a Jalidán. El rey Gayur despidió a su yerno y a su hija con grandes fiestas. Los esposos partieron para la larga travesía rodeados de sirvientes, camellos, provisiones y regalos. La princesa Budur iba sentada en un palanquín y el príncipe en un caballo blanco. Al cabo de varias jornadas llegaron a un ubérrimo valle. Camar Asamán ordenó que plantaran las tiendas, para descansar. Allí le ocurrió al príncipe la más extraordinaria aventura que registran los anales del Oriente.

CAMAR ASAMÁN

Una historia que nadie quiso creerme. Tan sorprendente que, pese a haberla vivido, a mí mismo me parece fantasía.

Era mediodía, la hora de la siesta. Budur dormía sobre el lecho de almohadones y yo contemplaba, enternecido, la belleza de sus senos que asomaban por su camisa entreabierta. Cuando me inclinaba a besarlos, descubrí en su pecho un broche con una piedra preciosa de color rojo sangre. Había algo grabado en ella. Nunca se la había visto. ¿Era un talismán mágico, un adorno? Para estudiar mejor la piedra, desprendí el broche y salí de la tienda, a examinarla a la luz del sol.

Cuando estaba observando la extraña joya, súbitamente un pájaro me la arrebató con el pico y voló a posarse en un arbusto. Comencé a perseguirlo. Era un ave rara, de alas azules, pecho amarillo, ojitos triangulares y burlones. Planeaba bajo y despacio, flotando en el viento. Sólo apuraba el vuelo cuando yo estaba a punto de cazarlo. La persecución duró toda la tarde. Al anochecer, me tendí exhausto debajo del árbol en cuyas ramas se había instalado el ladronzuelo. Al alba, lo vi alzar el vuelo, siempre con la piedra de Budur en el pico. Fui tras él. Diez días estuve correteando por unos bosques solitarios sin poder atraparlo. Me alimentaba de hierbas y frutos silvestres y bebía el agua de los riachuelos. El pajarillo nunca se alejaba mucho, pero no me permitía cogerlo ni soltaba la piedra preciosa del pico, como si jugara conmigo. Y, de tanto en tanto, me parecía que sus ojitos me miraban irónicos, brillando.

El día onceno, cuando llegamos a las puertas de una ciudad desconocida, el pájaro desapareció. *(Pausa.)* No había nadie en las calles, pues era el alba. ¿Dónde me hallaba? Crucé la ciudad sin divisar un ser viviente. Ya en las afueras, encontré a una viejecita que labraba un campo.

ANCIANA

Ven, ven, forastero. Entra. Aquí en mi huerto estarás a salvo.

CAMAR ASAMÁN
¿A salvo de qué, anciana?

ANCIANA
De los paganos, muchacho. Ya veo que tú no lo
eres, sino creyente. Yo también lo soy, gracias a
Dios. Pero, en este lugar, los creyentes somos muy
pocos y vivimos en peligro. ¿Qué te trae por estas
tierras?

CAMAR ASAMÁN
Le conté mi historia y, por supuesto, vi en los
ojos de la anciana que me creía un fantaseador. Pese a
ello, me ofreció hospitalidad.

ANCIANA
Quédate conmigo, si quieres. Soy viuda y sin hijos, me harás compañía. Te enseñaré las labores del
huerto. Cada seis meses pasa por aquí un barco mercante que va al reino de Banús. Puedes tomarlo y desde allí te será fácil llegar a Jalidán.

CAMAR ASAMÁN
Así me encontré, yo, el príncipe Camar Asamán,
convertido en el ayudante de una hortelana, cuidan-
do sus sembríos y sus árboles frutales en tierra de infieles. Mi corazón se deshacía. ¡Seis meses para salir

de allí! Noche y día pensaba en mi amada. ¿Qué habría sido de la princesa Budur?

SHEREZADA

Os lo contaría gustosa, señor, pero ha llegado ya el alba inoportuna a recordarme que tengo una cita con la cimitarra del verdugo.

SAHRIGAR

Por momentos pienso, Sherezada, que juegas conmigo como jugaba esa avecilla ladrona con el príncipe Camar Asamán. Parecería que quisieras morir. ¿Por qué? (*Examinándola con interés e involuntario cariño.*) Eres todavía joven para despedirte de este mundo. Además, cuando pienso en tu muerte, en la cimitarra hundiendo su hoja fría en este cuello delicado (*se lo acaricia*), me entristezco. No eres tú la que debe acordarse del verdugo, sino yo, el rey Sahrigar. Continúa. ¿Qué fue, entretanto, de la princesa Budur?

SHEREZADA

Obedezco tus órdenes, señor, y vuelvo a mi historia.

Los tres músicos tocan la melodía que hace de leitmotif *para las historias de Sherezada.*

VIII
La princesa Budur cambia de sexo

SHEREZADA

Cuando se despertó de aquella siesta en el campamento y advirtió que habían desaparecido su broche con la piedra preciosa y su marido, la princesa Budur se alarmó. Pero era una mujer valerosa, rápida, y actuó con inteligencia. «¿Qué voy a hacer yo sola —se preguntó—, la única mujer entre tantos hombres, la mayoría de los cuales hace mucho que no ven, ni huelen, ni tocan a una hembra?». La audaz Budur decidió entonces convertirse en su esposo desaparecido: el príncipe Camar Asamán. Se vistió con sus ropas, maquilló su cara como un varón y cubrió su cabeza con un turbante y una pluma. Al ordenar a los esclavos y guardias que se reanudara el viaje, advirtió, aliviada, que todos la tomaban por el príncipe. Así llegaron al reino de Banús. Su soberano, el rey Armanús, salió con su séquito a las puertas de la ciudad a recibir a quien creía el príncipe Camar Asamán.

REY ARMANÚS

Bienvenido al reino de Banús, príncipe Camar Asamán. Ya sé que estáis de viaje rumbo a Jalidán. Vos y vuestros acompañantes podéis permanecer en mi reino todo el tiempo que queráis. Sois mis invitados.

PRINCESA BUDUR

El rey Armanús me trató con exquisita cortesía y cariño. También él se creyó que yo era el príncipe Camar Asamán. Me invitaba a cazar, me consultaba los asuntos del reino, me hacía asistir a las reuniones del Consejo. Hasta que, un día, me hizo una propuesta inesperada.

REY ARMANÚS

Príncipe Camar Asamán. Dios no ha querido darme un hijo varón, pero sí una hija, la princesa Hayatanufús, una doncella joven y hermosa como tú. Te he tomado tanto cariño y aprecio por tus virtudes, que me gustaría llamarte hijo también. ¿Aceptarías casarte con mi hija y acceder al trono del reino de Banús?

PRINCESA BUDUR

Vuestra propuesta me honra, Majestad. Acepto el honor y la responsabilidad que me confiáis. Haré lo imposible por no defraudaros y por hacer feliz a vuestra hija.

REY ARMANÚS

¡Magnífico! Déjame abrazarte, Camar Asamán. La boda será un acontecimiento fastuoso que quedará en la memoria de Banús para la eternidad. *(A la orquesta.)* ¡Música!

PRINCESA BUDUR

Me quedé perpleja. Pero ¿qué podía hacer en esas circunstancias sino aceptar? El rey Armanús hubiera tomado mi rechazo como una ofensa. *(Pausa.)* En efecto, la nuestra fue una boda fabulosa, con banquetes, bailes y regalos magníficos. Yo temblaba, esperando la hora de quedarme sola con mi bellísima esposa, una muchacha cuyos ojos eran profundos como un abismo y alegres como una cascada. Su pelo tenía la negrura de la noche. Cuando estuvimos solas en la cama, la besé, la abracé y luego, sin decirle nada, me puse a rezar y a meditar hasta que Hayatanufús —desconcertada pero sin atreverse a hacerme un reproche— se quedó dormida.

REY ARMANÚS

¿Qué sucede, hija mía? Las dueñas y esclavas me dicen que las sábanas de tu lecho siguen sin mancha. ¿No se ha consumado aún tu matrimonio? ¿Te resistes acaso a entregar a tu marido lo que ahora sólo a él pertenece?

PRINCESA HAYATANUFÚS

No, padre mío. Al contrario, estoy deseosa de que Camar Asamán tome lo que es suyo de una vez. Pero ocurre algo muy extraño. Cuando nos quedamos solos en la alcoba, el príncipe me besa, me acaricia como si me deseara, pero, de pronto, algo lo frena. Y, en vez de amarme, se pone a rezar y a meditar, horas de horas. Hace dos semanas que soy su esposa y cada noche sucede lo mismo.

REY ARMANÚS

Esa conducta no es lógica ni natural. Si Camar Asamán no consuma esta noche el matrimonio, lo privaré del trono y lo expulsaré del país.

PRINCESA HAYATANUFÚS

Asustada, fui donde mi marido y señor, y le advertí la amenaza de mi padre. Entonces, me llevé la más increíble sorpresa de mi vida. Mi esposo, rompiendo en llanto, se desnudó. No era un hombre, sino una mujer: la princesa Budur, esposa de quien yo creía mi esposo. Me contó su historia, la desaparición de Camar Asamán y las razones que la indujeron a suplantarlo. Me conmovió tanto que decidí ayudarla. Entre las dos, fuimos al gallinero de palacio, matamos una gallina y con su sangre manchamos mi camisa de dormir, mis piernas y las sábanas de la cama. Al día siguiente, mi padre fue el primero en regocijarse con la noticia de que nuestro matrimonio se había consumado. *(Pausa.) (Volviéndose Sherezada.)* Pero ya es el amanecer, señor. ¿Moriré o sigo contando la historia de las dos princesas? Ah, es verdad, me habéis dicho que eso es asunto vuestro, no mío.

SAHRIGAR

(Sonriendo.) Así es, Sherezada. Decidir sobre tu vida y tu muerte es asunto mío. Y por ahora decido que sigas viva, pues tu presencia me hace bien.

Y tus historias también. Me desamargan y entretie-
nen. Tu obligación es seguir contando y haciéndo-
me soñar.

Se oscurece el escenario. Los tres músicos entonan la
melodía de Sherezada.

IX
La pelea de los pájaros

Mientras en Banús el falso Camar Asamán recibía el trono de manos del rey Armanús, el verdadero príncipe trabajaba de sol a sol como peón en tierra de paganos. Llevaba meses viviendo donde la hospitalaria labradora. Al acercarse el fin de año, ésta le dijo que iría a pasar las fiestas a un pueblo vecino y que lo dejaba a cargo del huerto. Le prometió averiguar cuándo llegaría el barco mercante que podía sacarlo de allí.

CAMAR ASAMÁN

Me quedé, pues, solo, trabajando con la azada durante el día y soñando en las noches con mi añorada Budur. ¿Dónde estaría? ¿Me echaría de menos? ¿Lloraría por mí como lloraba yo por ella? Una tarde que recorría el huerto, desbrozando la tierra, me caí. Estaba en el suelo, aturdido por el golpe, frotándome la cabeza, cuando escuché unos estridentes graznidos. Al levantar la vista, vi dos pajarracos negros como el carbón peleándose sobre la rama de un árbol. Era una lucha feroz. Los picotazos rechinaban, volaban plumas y había rastros de sangre en los dos animales. Era una pelea extraña, como movida por genios invisibles. Los graznidos cortaban el aire como cuchilladas. De pronto, en el fragor del combate, uno de los combatientes cayó al suelo.

Espantado, vi que una nube de pájaros negrísimos se abatía sobre el caído y se encarnizaba con él, destrozándolo. Luego, se echaron a volar y desaparecieron en el cielo. Sólo entonces atiné a levantarme. Aquellos pajarracos habían dejado un olor de mala suerte y podredumbre en el aire. Me acerqué a curiosear los desechos del animal y entonces, entre los restos viscosos, apareció una piedra roja cuya lumbre me cegó.

SHEREZADA

La misma piedra preciosa que adornaba el broche de Budur la tarde nefasta en que el pájaro ladrón se la arrebató a Camar Asamán. Éste, deslumbrado por el hallazgo, se lo agradeció al Supremo Hacedor con fervientes oraciones. La esquiva suerte volvía a sonreírle. Y, en efecto, no había salido de su sorpresa con el hallazgo de la piedra roja cuando, pocos días después, trabajando en el huerto, de pronto sintió que su azada chocaba con algo durísimo.

CAMAR ASAMÁN

Escarbé la tierra y descubrí una lámina de metal. Era una trampa que ocultaba una escalera. Bajé doce peldaños y me encontré en una cámara llena de polvo y telarañas. Había allí veinte cofres de bronce. Los abrí y perdí el habla: estaban llenos de oro en polvo.

Oro puro y finísimo. ¿Cuántos años o siglos llevaba allí esa fortuna?

SHEREZADA

Camar Asamán esperó con impaciencia el regreso de la vieja labradora. Cuando llegó, le contó las cosas extraordinarias ocurridas en su ausencia. Le propuso que se repartieran el tesoro. La anciana no aceptó: «No, Camar Asamán. Hace cincuenta años que trabajo este huerto y Dios no ha querido que yo lo descubriera. Es decisión del Ser Supremo que seas tú el afortunado».

CAMAR ASAMÁN

Me traía buenas noticias. El barco mercante estaba ya en el puerto. Y ella había hecho un trato con el capitán para que me llevara hasta Banús. De allí, podría seguir por tierra a Jalidán. La anciana me advirtió que los cofres con el oro podían despertar la codicia de los marineros. Me aconsejó disimular el tesoro en unas bolsas, bajo capas de aceitunas. Ella misma me ayudó a preparar los sacos. Los llevé a la embarcación. Escondí la piedra preciosa de Budur en la última bolsa. Regresé al huerto a despedirme de mi protectora. La encontré agonizando. En mi ausencia, la muerte había ocupado ya su cuerpo. Sólo vivían sus ojos, en los que se apagaba una sonrisa. Al poco rato falleció en mis brazos. El barco estaba por partir, pero me demoré a fin de dar a mi amiga una sepultura decente.

Luego, corrí al puerto a toda la velocidad de mis piernas, pero, al llegar allá, la nave había soltado amarras y se perdía en el horizonte, llevándose mis bolsas de oro y la piedra preciosa de Budur. ¡Dios mío, Dios mío, no entiendo nada! Cómo puedes enviarme tantas venturas y desventuras al mismo tiempo. ¡Qué voy a hacer ahora!

SHEREZADA

(Pausa.) Señor...

SAHRIGAR

No importa que amanezca o anochezca, Sherezada. Esta historia no puede quedarse a medio camino. ¡Basta de interrupciones o te enviaré al verdugo de una vez!

SHEREZADA

Si lo hacéis, os quedaríais sin conocer el final de la historia de Camar Asamán y la princesa Budur...

SAHRIGAR

(Se echa a reír. Sorprendido consigo mismo.) Tienes razón. ¿Sabes que hace mucho tiempo que no había vuelto a reírme, Sherezada?

SHEREZADA

No lo sabía, pero me alegra mucho haceros reír, señor. La risa es una manifestación de alegría y de felicidad.

SAHRIGAR

Es cierto, mientras estoy absorbido en tus historias desaparecen mis odios y rencores y vuelvo a ser el que fui antaño. Crédulo, sano e inocente como un niño, otra vez. Además, tengo que confesarte una cosa. Cada vez que nombras a la princesa Budur, ¿sabes cómo se presenta en mi imaginación? Con tus mismos ojos, labios, cabellos, manos y cintura. Y con tu misma voz. *(La contempla con ternura, distraído de sí mismo. Hasta que reacciona.)* Espero con impaciencia que termine el día y retorne la noche para que sigas con Camar Asamán y la princesa Budur, Sherezada.

Se oscurece el escenario y los tres músicos tocan la música que inicia los cuentos de Sherezada.

X
Un fin que es un principio

SHEREZADA

Entretanto, en el reino de Banús, el falso Camar Asamán —la princesa Budur— empezó a soñar con aceitunas. Ni ella ni Hayatanufús conseguían desentrañar las claves de ese sueño. Hasta que una tarde, desde su ventana de palacio, Budur divisó un barco atracando en el puerto. Tuvo un presentimiento. Bajó de inmediato a hablar con el capitán. «¿Qué cargamento traes en tu barco, capitán?»

CAPITÁN

Ungüentos, brocados, perfumes, almizcle, sándalo, almendras y varios sacos de aceitunas, Majestad.

SHEREZADA

«¿Aceitunas has dicho, capitán?»

CAPITÁN

Veinte sacos de aceitunas, Majestad. Vienen de tierra de infieles. Son famosísimas. Su dueño, por desgracia, perdió el barco. Las estoy vendiendo, para pagar su transporte hasta aquí.

El corazón de la princesa Budur palpitaba como si fuera a romperse. Y entonces tomó una decisión: «Te compro todos los sacos de aceitunas que llevas, capitán. Te daré mil dinares por ellos».

CAPITÁN

Bendito seáis vos y el Todopoderoso, gran señor. Mis hombres os llevarán a palacio los veinte sacos de inmediato.

SHEREZADA

Esa noche, cuando el falso Camar Asamán y su esposa, la princesa Hayatanufús, se reunieron en la alcoba, la princesa Budur hizo traer uno de los sacos. Lo abrieron. Hayatanufús metió la mano y sintió que, debajo de las aceitunas, sus dedos se hundían en una materia seca y fina como la arenilla del mar. Era oro puro. Todos los sacos contenían lo mismo. Los sueños habían resultado proféticos. Fue al abrir el último saco cuando Budur hizo el hallazgo que daba algún sentido a aquellos presentimientos. «¡Dios mío, si es mi talismán! Mira, Hayatanufús, ésta es la piedra preciosa de mi broche, la que desapareció al mismo tiempo que mi esposo Camar Asamán. ¿Qué hace aquí, entre este oro y estas aceitunas? Todo esto tiene que ver con él, estoy segura. Es una señal que me manda.» Budur corrió de nuevo al barco a hablar con ese navegante. «¡Capitán, capitán!»

CAPITÁN

Aquí estoy, Majestad, a vuestros pies. En qué puedo serviros.

PRINCESA BUDUR

¿Quién es el dueño de los sacos de aceitunas que te compré?

CAPITÁN

Un hortelano que vive en tierra de infieles, ya os lo dije, señor de los señores.

SHEREZADA

«Pues ahora mismo sube a tu barco, llama a la tripulación, vuelve allá y trae a ese hombre a Banús, sano y salvo. Me respondes con tu vida por él. Si lo haces, os llenaré de regalos y de honores a ti y a toda tu familia. Pero, si tratas de huir, mis ejércitos te perseguirán hasta el fin del mundo y morirás luego de suplicios atroces.» El capitán, sin comprender una palabra de lo que ocurría, obedeció. Y regresó a aquella tierra de infieles, en busca del dueño de esos sacos de aceitunas.

CAMAR ASAMÁN

Ya casi me había olvidado que era el príncipe Camar Asamán. Estaba resignado a ser un modesto labrador, viviendo entre impíos y trabajando el pequeño huerto, cuando un día vi llegar a mi tierra al capitán del barco que perdí, por enterrar como Dios manda a mi difunta protectora. Me dijo que debía embarcarme con él, de inmediato, pues el rey de Banús, Camar Asamán, me reclamaba. *(Estupefacto.)* ¿Has dicho el rey Camar Asamán, capitán? ¿El rey de Banús se llama Camar Asamán? ¿Eso has dicho?

SHEREZADA

El pobre príncipe creyó que él, o la creación entera, habían enloquecido. ¿Cómo podía haber dos Camar Asamán? ¿Cómo podía ser el soberano de Banús alguien con su mismo nombre? Toda la travesía estuvo devanándose los sesos, buscando una explicación al enigma. La encontró cuando, al llegar a Banús, fue llevado al palacio y descubrió que el rey Camar Asamán era en verdad su amada esposa, la princesa Budur. «Sí, soy yo, tu esposa, Budur, que no ha dejado un solo instante de pensar en ti desde tu desaparición. Estréchame entre tus brazos y dime que no me has olvidado, Camar Asamán.»

CAMAR ASAMÁN

Caí al suelo, desmayado de la impresión. Cuando Budur, con sus desvelos, me reanimó, y me contó las aventuras que había vivido en Banús desde el día en que aquel pájaro me robó su broche, supe que era cierto que la vida es a veces más fantástica que los delirios y las alucinaciones de los seres humanos.

Camar Asamán y Budur tuvieron un reencuentro feliz. Pero había un enredo que desatar antes de que vivieran una vida normal. Lo consultaron con la simpática Hayatanufús y ésta fue de opinión de contar toda la verdad a su padre, el rey Armanús. Cuando éste empezó a escuchar las revelaciones que le hacía el que él creía su yerno, Camar Asamán, y era en verdad la princesa Budur, cayó sentado sobre unos almohadones, mirando de una manera que parecía preguntarse si aquello que oía era verdad o lo soñaba.

REY ARMANÚS

Todo esto me parece un cuento fantástico. O una pesadilla. Resulta que el joven a quien cedí mi corona no es un hombre sino una mujer. Y, además, casada. Mi hija Hayatanufús, a quien creía casada, sigue virgen y soltera. ¿Qué debo hacer? ¿Cortaros a todos la cabeza o cortármela yo, a ver si ella, separada de mi cuerpo, descifra por fin esta telaraña de invenciones y falsedades?

SHEREZADA

Pero el rey Armanús era un hombre práctico y realista. Además, cuando trató al verdadero Camar Asamán, quedó encantado con él. Decidió entonces que aquél se sentara en el trono que hasta entonces había ocupado la princesa Budur, y que desposara como su segunda esposa a su hija. La princesa estuvo de acuerdo con el arreglo y lo mismo Budur. El Consejo del Reino no atinó siquiera a poner alguna objeción. De este modo, el rey Camar Asamán y sus dos esposas —Budur y Hayatanufús— disfrutaron de veinte años de concordia y felicidad. Creían que sería así toda la vida. Olvidaban que el diablo y sus acólitos nunca descansan. Así que... Pero, señor...

SAHRIGAR
Sí, el amanecer ilumina ya las ventanas de palacio. No las mires, Sherezada. Mírame a mí solamente. Piensa que la noche sigue allí y que durará todo lo que dure el cuento que me cuentas. Y, acaso, mucho más. Porque, la verdad, cada día que pasa, cada historia que te escucho, me parece que alejan tu muerte cada vez más, y me dicen que vivirás para siempre, como una de esas estrellas eternas que navegan en el espacio infinito. *(Pausa.)* ¿Qué vino a hacer el diablo en esa historia?

Se oscurece el escenario. Los tres músicos entonan la melodía con que Sherezada inicia sus historias.

XI
Amores prohibidos

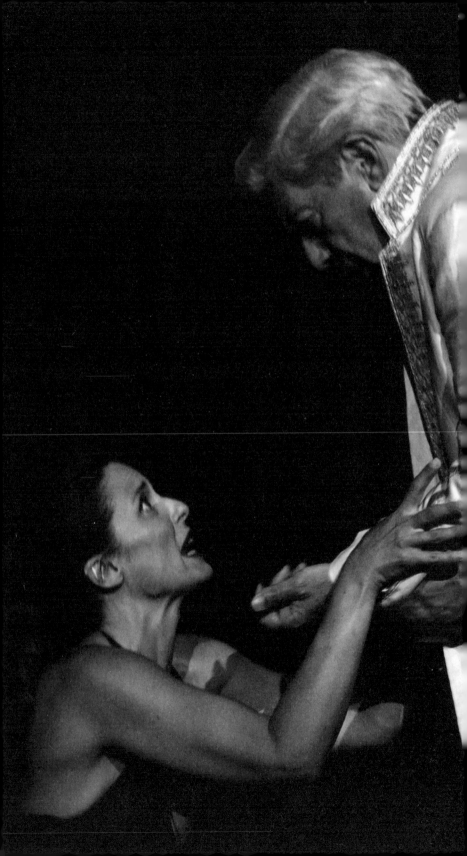

SHEREZADA

El diablo hizo lo de siempre, señor: urdir una intriga descomunal entre el rey Camar Asamán y sus dos esposas, Budur y Hayatanufús. Esperó veinte años a que los hijos varones que Camar Asamán había tenido con ellas fueran hombres guapos y atractivos. Entonces, se las ingenió para que Budur se enamorara de Asad, el hijo de Hayatanufús, y ésta, de Amgad, el hijo de Budur. Ambas amigas se tenían tanta confianza y cariño que se confesaron sus sentimientos prohibidos con sus hijastros respectivos. Y, en vez de escandalizarse o enojarse la una con la otra, decidieron ayudarse.

Amgad, hijo de Budur y el rey Camar Asamán, recibió un día una carta de Hayatanufús que lo dejó sin habla y encendió su cara de rabia y vergüenza:

PRINCESA HAYATANUFÚS *(VOZ OFF)*

«Ésta es la carta de una mujer enamorada, Amgad. La pasión que siento por ti me consume y nada ni nadie, salvo tú, puede aplacarla. Quiero estar en tus brazos hoy mismo para hacerte gozar y gozar yo contigo. Te espero en mis habitaciones, a la caída del sol.»

SHEREZADA

Al mismo tiempo, Asad, el hijo de Hayatanufús, había recibido también una misiva de amor de su madrastra, Budur:

PRINCESA BUDUR *(VOZ OFF)*

«Mi resistencia ha llegado al límite y ya no puedo vivir sin confesarte lo que siento por ti, Asad. Te amo. Te ruego que accedas a unirte a mí, hoy mismo. Gozaremos. Tu alma y tu cuerpo me lo agradecerán. Te espero en mi alcoba a la caída del crepúsculo.»

SHEREZADA

Ambos príncipes rechazaron indignados estas propuestas incestuosas y, en represalia simbólica, hicieron cortar las lenguas y sacar los ojos a las dos mensajeras. Budur y Hayatanufús quedaron profundamente despechadas por el rechazo de los dos príncipes. Y, como el amor está tan cerca del odio, pasaron, de estar enamoradas, a detestar a sus respectivos hijastros. Planearon una venganza contra ellos. Cuando el rey Camar Asamán, que había estado de cacería, regresó a palacio, sus dos esposas —unas consumadas actrices— comparecieron ante él, llorosas y desesperadas.

CAMAR ASAMÁN

¿Qué os pasa? ¿Por qué esas caras tan sufridas? Habla tú primero, Budur.

PRINCESA BUDUR

Hace tiempo que ocurría, pero no te lo dije para no avergonzarte ni hacerte sufrir, esposo y señor. Tu hijo Asad se ha enamorado de mí y me manda cartas obscenas, con propuestas incestuosas. Anoche, aprovechando tu ausencia, se metió a mi alcoba ebrio de vino y me violó.

CAMAR ASAMÁN

No puedo creer lo que me cuentas, Budur. No es posible que en mi propia estirpe haya surgido una alimaña semejante. *(Pausa.)* ¿Y qué te pasa a ti, Hayatanufús? No me digas que...

PRINCESA HAYATANUFÚS

Sí, señor. Me duele en el alma decírtelo. Mi tragedia es tan dolorosa y horrible como la de Budur. El príncipe Amgad, enfurecido porque yo rechazaba sus avances sacrílegos, sobornó a una esclava y, anoche, irrumpió en mi lecho y me poseyó.

CAMAR ASAMÁN

No debo manchar mi espada con la sangre de mis propios hijos. Pero ellos han cometido el pecado más grave que un hombre puede cometer contra Dios, la moral y el trono. Emir Gandar: te confío a ti el castigo de esos dos monstruos. Tú eres el más fiel de mis servidores y sé que cumplirás mis órdenes. Lleva a Amgad y Asad al bosque y ejecútalos con tu propia mano. Entiérralos allí, sin que nadie se entere. Que no quede rastro de su tumba. ¡Ahora mismo, emir Gandar!

SHEREZADA

Fiel a su soberano, aunque apenado, pues conocía a Amgad y Asad desde niños, el emir Gandar se dispuso a cumplir la tremenda orden. Detuvo a los príncipes, los ató, los montó a caballo y se los llevó al bosque. Allí, los hizo arrodillar y, con voz rota por el llanto, les dijo:

EMIR GANDAR

Os pido perdón y se lo pido al Ser Supremo por lo que voy a hacer, príncipes. Pero no puedo desobedecer a mi rey. Él me ha ordenado mataros.

SHEREZADA

El príncipe Amgad fue el primero en reaccionar:

PRÍNCIPE AMGAD

¡Cumple las órdenes, emir! Sólo te ruego que me mates a mí primero, porque no quiero presenciar la muerte de mi hermano Asad.

SHEREZADA

Pero éste lo interrumpió:

PRÍNCIPE ASAD

¡No, yo soy el mayor! Yo debo morir antes que tú.

SHEREZADA

El emir Gandar, conmovido, vacilaba, con la cimitarra en alto. En eso, su caballo, encabritado por algo, se echó a correr hacia el interior del bosque. Era un animal finísimo que Gandar adoraba. El emir corrió tras él. Segundos después, los dos jóvenes oyeron los rugidos de un león que merodeaba por los alrededores.

PRÍNCIPE AMGAD

Mira, hermano. El emir ha olvidado su cimitarra. Ese león lo va a devorar. Tratemos de zafarnos de estas cuerdas, antes de que la fiera venga por nosotros.

SHEREZADA

Ayudándose uno a otro, los príncipes consiguieron hacer saltar sus ataduras. Cogieron la cimitarra del emir Gandar y avanzaron por el bosque guiándose por los rugidos del león.

PRÍNCIPE ASAD

Ahí está, hermano, a punto de saltar sobre el emir. Ataquémoslo.

SHEREZADA

Amgad se interpuso entre el león y el emir Gandar y hundió la cimitarra en el pecho de la fiera, que expiró luego de una violenta convulsión. El emir se arrodilló a besar los pies de sus salvadores.

EMIR GANDAR

Gracias, gracias, príncipes. Vuestra generosidad es infinita y el Todopoderoso os premiará. Habéis salvado a quien iba a sacrificaros sin el menor escrúpulo. ¡Y pensar que estuve a punto de mataros! Idos, desapareced. El mundo es grande y podéis perderos en él, sin que vuestro padre os encuentre. Quitaos las camisas. Las mancharé con la sangre del león y diré al Rey que os he matado y enterrado en un lugar que nadie descubrirá, como él me lo pidió. Partid y que el Todopoderoso os acompañe.

SHEREZADA

El rey Camar Asamán, al recibir las vestiduras ensangrentadas, se las llevó a sus habitaciones. Y lloró, desgarrado por la muerte de sus hijos, pese al crimen que habían cometido. Pero el azar o el justiciero de los cielos, desenredaron el enredo del diablo. Al revisar los bolsillos de aquellas camisas, el Rey encontró las cartas de amor prohibido enviadas por sus dos esposas a los príncipes Amgad y Asad. Comprendió que había sido víctima de una intriga diabólica. Sin vacilar, presa de una rabia inconmensurable, hizo degollar a Budur y Hayatanufús y se encerró en su alcoba, enfermo de remordimiento. Entretanto, los príncipes... Pero ésta ya es otra historia, señor.

SAHRIGAR

Por lo menos esta vez no me has recordado que ya es otro día, Sherezada. Aunque sea otra historia, continúa. Me siento bien aquí, contigo, escuchándote. ¿Crees que no deseo saber qué ocurrió con los príncipes Amgad y Asad? Pero ahora mismo tengo también otro deseo, Sherezada.

SHEREZADA

¿Cuál deseo es ése, señor?

SAHRIGAR
Tomarte en mis brazos y hacerte el amor.

Sherezada sonríe, con una mezcla de satisfacción y de coquetería. Los músicos tocan el leitmotif *que acompaña las historias de Sherezada.*

XII
Los adoradores del fuego

SHEREZADA

La historia que vivieron los príncipes Amgad y Asad desde que el emir Gandar los dejó libres en el bosque es larga, señor. Una selva de historias. Durante un mes huyeron por estepas y valles, cruzaron una espesa montaña por túneles húmedos, alimentándose de frutos silvestres y animales que cazaban con sus manos. Hasta que una mañana avistaron una ciudad amurallada, junto al mar. Decidieron que Asad entrara a tentar el terreno y conseguir provisiones. Amgad lo esperaría en las afueras. Apenas había cruzado la muralla, Asad se encontró con un sujeto estrafalario, de largas barbas y tocado con un aparatoso turbante. «¿Podrías decirme dónde está el mercado, amigo?»

EL TERRIBLE BAJRAM

Ah, ya veo, eres forastero.

SHEREZADA

«Sí, señor.» «Necesito comprar algunos víveres. No conozco a nadie en esta ciudad.»

EL TERRIBLE BAJRAM

¡Alabado sea Dios! ¡Qué suerte la tuya, viajero! Hoy celebro una fiesta en mi casa. Habrá comida en abundancia. Ven conmigo. En mi familia es sagrada la ley de la hospitalidad. Te invito. Te daré todos los alimentos que quieras. Y regalados, por supuesto.

SHEREZADA

El ingenuo Asad aceptó la invitación del desconocido, sin saber que había caído en manos del Terrible Bajram, jefe de una secta de degenerados que practicaban los sacrificios humanos y adoraban el fuego. Bajram lo llevó por callejuelas intrincadas hasta una casa semioculta tras un muro. Al cruzar el umbral, el príncipe Asad descubrió una cuarentena de individuos, de expresiones siniestras, entregados a una ceremonia enloquecida. Bailaban dando saltos e imitando con sus voces el chisporroteo de las llamas, en torno a una fogata cuyas lenguas rojas contemplaban con arrobo salvaje. Al ver a su jefe, el Terrible Bajram, se quedaron quietos y mudos.

EL TERRIBLE BAJRAM

Regocijaos, hermanos. Ya tenemos en nuestras manos a la víctima que buscábamos. Sacrificaremos a este infeliz al Señor del Fuego. Su carne fresca y su inocencia agradarán a nuestro Dios e inspirador.

SHEREZADA
El terrible Bajram ordenó a sus siervos que encerraran a Asad, encadenado, en una mazmorra oscura y encargó que lo vigilara a su propia hija, la maga Bustán. La instruyó que le diera sólo un mendrugo de pan y unos sorbos de agua cada mañana hasta que le llegara el día de ser quemado vivo en la montaña sagrada. Lo que el Terrible Bajram no sabía es que su hija, la maga Bustán, encargada de vigilarlo, se había convertido desde niña, gracias al ama que la crió, a la verdadera religión. Y muy pronto se lo hizo saber a su prisionero. *(Transformándose en la maga Bustán.)* «¿Cómo te llamas, pobre hombre?»

PRÍNCIPE ASAD
Me llamo Asad, señora. Soy un príncipe, hijo del rey de Banús, Camar Asamán. La mala fortuna me ha reducido a la triste condición en que me encuentro.

MAGA BUSTÁN
¿Eres creyente?

PRÍNCIPE ASAD
Claro que lo soy. Y confío en que el Todopoderoso me dé fuerzas para soportar el destino que me ha anunciado tu padre: morir carbonizado, en honor de un ídolo pagano.

MAGA BUSTÁN

No desesperes, Asad. Yo también soy creyente, aunque en secreto. Si mi padre y los adoradores del fuego lo supieran, me quemarían viva a mí también. Te ayudaré. Pero tenemos que ser muy prudentes porque en esta casa las paredes están embrujadas y oyen y delatan.

PRÍNCIPE ASAD

En efecto, la maga Bustán fue generosa conmigo. Se convirtió en mi cómplice. Simulaba darme un mendrugo de pan y unos sorbos de agua al día, como su padre le había ordenado. Pero entre sus ropas me traía alimentos y bebidas, así que, gracias a ella, no pasé hambre ni sed en ese hediondo sótano.

MAGA BUSTÁN

Prepárate, Asad. Esta noche recobrarás la libertad, si todo sale como lo he planeado. Mi padre y sus seguidores han ido a pernoctar en la montaña sagrada, como hacen cada cierto tiempo, para entregarse a orgías sangrientas. Con mis poderes mágicos, sumiré en un sueño profundo a los tres adoradores del fuego que han quedado a cargo de esta casa.

PRÍNCIPE ASAD

Así lo hizo. A eso de la media noche, me liberó de las amarras y salimos de esa vivienda inmunda, entre los ronquidos de los hombres que la maga Bustán había sumido en el sueño. Me llevó al único lugar donde los adoradores del fuego no podían poner los pies.

MAGA BUSTÁN

El cementerio. Aquí estarás seguro, Asad. Ni mi padre ni sus seguidores se atreverán a buscarte entre estas tumbas. Es un lugar que los adoradores del fuego consideran peligroso para ellos. Pero...

PRÍNCIPE ASAD

Pero qué, señora. ¿Esconde este cementerio algún peligro?

MAGA BUSTÁN

Sí. Un peligro para mí, más que para ti, Asad. Porque en este paraje merodea un genio maligno que está enamorado de mí y podría aparecerse. Si así ocurre, tendré que luchar con él.

PRÍNCIPE ASAD

Bustán no acababa de decir eso cuando, ante mi espanto, aquel genio enamorado se corporizó en medio de las sombras de la noche y se abalanzó sobre la maga con los ojos llenos de codicia.

SHEREZADA

Sin arredrarse, la maga Bustán adoptó una posición de combate para enfrentar al genio que deseaba poseerla.

PRÍNCIPE ASAD

Entonces, el demonio enamorado se transformó en un león y su rugido estremeció la noche.

SHEREZADA

La maga se arrancó una hebra de cabello, la convirtió en una espada y de un certero golpe decapitó al león.

PRÍNCIPE ASAD

La cabeza del león se volvió un escorpión.

SHEREZADA

Bustán le salió al paso transformada en serpiente.

PRÍNCIPE ASAD

Pero el escorpión, convertido en águila, escapó por el aire a los mordiscos de la serpiente.

SHEREZADA

La serpiente se volvió un cuervo gigante, que, graznando de manera ensordecedora, se elevó a dar caza al águila.

PRÍNCIPE ASAD

Ambos desaparecieron y, al cabo de un rato, reaparecieron, convertidos el demonio en un gato montés y la maga en un lobo negro como el azabache.

SHEREZADA

Lucharon intercambiando zarpazos, desgarrones y mordiscos.

PRÍNCIPE ASAD

Cuando el gato montés se sintió perdido, se volvió un gusanito y se incrustó en una granada.

SHEREZADA

El lobo se convirtió en un gallo blanco.

PRÍNCIPE ASAD

La granada estalló y todos los granos rodaron por el suelo.

SHEREZADA

El gallo blanco se tragó todos los granos menos uno, que cayó en un estanque y se volvió un pez.

PRÍNCIPE ASAD

El gallo se lanzó al agua y al tocarla se transformó en otro pez.

SHEREZADA

Salieron a la superficie al poco rato, convertidos ambos en dos bolas de fuego.

PRÍNCIPE ASAD

De pronto, una de las dos bolas llameantes se volvió un montoncito de ceniza, que el viento dispersó. Aliviado, vi que la llama triunfadora era la maga Bustán.

MAGA BUSTÁN

Sí, Asad, he ganado esta batalla, pero habrá otras, porque el deseo que tiene de mí ese demonio es inextinguible. Quédate en este lugar unos días, hasta que yo pueda averiguar qué ha sido de tu hermano.

PRÍNCIPE ASAD

La maga Bustán se fue y me quedé rodeado de tumbas, cavilando. ¡Qué extraordinarias cosas me habían pasado en los últimos tiempos! ¡Cómo había cambiado mi destino desde los días de Banús! ¡Qué sería de mi hermano Amgad! ¿Lo volvería a ver alguna vez?

SHEREZADA

Os lo contaría, pero ya es un nuevo día, señor. ¿Debo seguir?

SAHRIGAR

Sí, continúa. ¿Qué ocurría, entretanto, con el príncipe Amgad?

SHEREZADA

Amgad averiguó que estaba en la capital de Maguncia, un lugar lleno de idólatras y de sectas satánicas, donde los verdaderos creyentes eran apenas un puñadito de hombres y mujeres. Amgad vagabundeaba sin rumbo, tratando de reconocer a su hermano por las calles, cuando, de pronto, divisó a una mujer de formas seductoras e insinuante andar. Su belleza le cortó la respiración. Lo turbó tanto que hasta olvidó a su hermano Asad. Y ella, al parecer, quedó también prendada de él a primera vista, pues, mirándolo a los ojos, lo encaró con coquetería. *(Transformándose en la seductora.)* «¿Por qué me miras de ese modo, forastero?»

PRÍNCIPE AMGAD

Porque en mis veinte años de vida no he visto en este mundo a una mujer tan bella como tú. No he querido ofenderte.

SEDUCTORA

No me has ofendido. Tú también me has gustado, forastero. Así que no perdamos tiempo. Tienes suerte, pues mi marido está de viaje. Te invito a mi casa. Ven, sígueme con discreción.

PRÍNCIPE AMGAD

Deslumbrado por la audacia de la mujer, la seguí por calles y callejuelas llenas de gente variopinta, que hablaba jerigonzas bárbaras. Me hizo entrar a una casa que, sencilla por afuera, era en su interior un soberbio palacio. En un salón, con suelo de mármol, cubierto de tapices, almohadones y cortinajes de seda, un verdadero banquete parecía estar esperándonos allí.

SEDUCTORA

Come y bebe, forastero. Haremos el amor después, cuando tengamos la barriga llena y el vino, la bebida prohibida, haya llenado nuestra cabeza de fantasías escabrosas y nuestra sangre de deseos.

PRÍNCIPE AMGAD

Había algo inquietante y peligroso en las cosas que me decía esa mujer. Cuando se quitó el velo, tuve la sensación de que sus ojos despedían dardos y diamantes. El vaho de su voz era como un elixir, excitante y acaso venenoso. Me sentía asustado y feliz a la vez. Mientras comíamos y bebíamos, nos acariciábamos.

SEDUCTORA

Pero, ahora, antes del amor, el placer supremo, forastero. El látigo. ¡Esclavo maldito, comparece donde tu ama!

PRÍNCIPE AMGAD

Lo que esta mujer llamaba el placer supremo era la crueldad. A su llamado, acudió un pobre hombre semidesnudo, con la espalda llena de cicatrices y una mirada de infinita resignación.

SEDUCTORA

Lo azotaremos y después lo mataremos. Su cadáver será el testigo de nuestro amor, forastero, y lo aderezará con el perfume de lo prohibido.

PRÍNCIPE AMGAD

Y, entonces, esta arpía comenzó a azotar al pobre infeliz con un látigo lleno de púas. Reía y gozaba viéndolo rugir de dolor y sangrar.

SEDUCTORA

Ahora, azótalo tú, forastero. Disfruta ese placer exquisito, de dioses, que es infligir dolor al prójimo. ¡Azótalo, te he dicho!

PRÍNCIPE AMGAD

No puedo hacerlo, señora. No lo haré.

SEDUCTORA

Entonces, yo te azotaré a ti también, cobarde.

PRÍNCIPE AMGAD

Apenas recibí el primer latigazo me lancé sobre ella. Mientras luchábamos, la mujer iba cambiando de cara y de formas. Y mostrando su personalidad de diablesa. En pocos minutos se convirtió en un ser repugnante, lleno de forúnculos y tentáculos en vez de brazos. Luchamos mucho rato. Por fin pude atraparla del pescuezo y estrangularla. Al morir la diablesa, su esclavo, un hombre hechizado por sus maleficios, recuperó su forma verdadera. Era todo un personaje: el general Bajadur, jefe de los ejércitos de Maguncia. Me besó las manos por haberle salvado la vida y por haber dado muerte a su verdugo.

SHEREZADA

Aunque es el amanecer, ya sé que debo seguir, ¿verdad, señor?

SAHRIGAR

¿Han sido vanas todas mis órdenes, Sherezada? Ya no recuerdas que te ordené olvidarte del verdugo y su cimitarra, que te dije que ése es problema mío, no tuyo. Que lo tuyo es sólo contar cuentos, hasta que yo te diga basta.

SHEREZADA

No han sido órdenes vanas, señor. Las recuerdo muy bien. Quisiera acatarlas, con la sumisión que esperáis de vuestra esposa. Pero no puedo. ¿Cómo no va a ser mi problema saber cuántos días, cuántos cuentos me quedan para la hora de morir? Esa cimitarra la tengo todo el tiempo sobre mi cabeza. En cierto modo, ella es la verdadera protagonista de mis cuentos. Decídmelo, os lo suplico. ¿Cuánto falta para que me llegue esa hora?

XIII
La última noche es la primera noche

SAHRIGAR

No lo sé, Sherezada. Mejor dicho, ya no lo sé. Sabía cuál era tu hora cuando empezó esta historia. Pero, ahora, ya no. *(Pausa.)* Sólo sé que es una hora que nos llegará a todos, cuando lo decida el Todopoderoso. A ti. Y también a mí. Nadie se libra de esa cita.

SHEREZADA

Si ya no sabéis la hora de mi muerte, señor, algo ha cambiado en vos desde que me desposasteis. Algo muy profundo.

SAHRIGAR

(Mirándola con ternura.) Es cierto. Algo profundo ha cambiado en mí mientras tú me contabas todos esos cuentos, Sherezada. Por tu culpa. O, mejor dicho, gracias a ti.

SHEREZADA

(Pausa.) ¿No queréis saber cómo termina la historia de los príncipes Asad y Amgad? Os advierto que todavía falta mucho para el final.

131

SAHRIGAR

Eso también lo sé, Sherezada. Sé, incluso, que esa historia la podrías hacer durar hasta mi vejez y decrepitud. Y que podrías continuarla mientras yo reposo en la tumba y los gusanos van dando cuenta de mis restos. *(Pausa.)* ¿Cuántas historias me has contado desde el día de nuestra boda?

SHEREZADA

Muchas, señor. Decenas. Acaso, centenares. También se podría decir que todas ellas formaban una sola historia frondosa, como un gran río con muchos afluentes. En verdad, no sé cuántas, señor. No me preocupé de contarlas.

SAHRIGAR

¿Cuántas más podrías contarme?

SHEREZADA

Lo habéis dicho: puedo pasar el resto de la vida contando nuevas historias. Si con ello os hago vivir una noche entretenida.

SAHRIGAR

¿Las tenías todas en tu cabeza, o las ibas inventando a medida que me las contabas?

132

SHEREZADA

Las dos cosas, señor.

SAHRIGAR

¿Qué quiere decir eso?

SHEREZADA

Sabía algunas y, al contarlas, se me iban ocurriendo nuevas aventuras, enredos y personajes, para hacerlas durar. *(Pausa.)* Saber que, si las historias se terminaban o no lograba interesaros en ellas, la cimitarra del verdugo me cercenaría la cabeza, me encandilaba la imaginación.

SAHRIGAR

Y enriquecía tu manera de contarlas, Sherezada. Al pasar por ti esas historias se volvían tan bellas como tú. Además, ellas tenían otra virtud: hacían que me interesara cada vez más en ti. Creo que en todo este tiempo te he ido conociendo —y queriendo, Sherezada— gracias a los cuentos que me contabas.

SHEREZADA

Gracias, señor.

SAHRIGAR

¿Sabes cuántas noches hemos pasado aquí, tú contando y yo escuchando tus cuentos?

SHEREZADA

Mil noches. Y una noche con la de hoy, señor.

SAHRIGAR

Es mucho tiempo. Sin embargo, se me ha pasado sin sentirlo. He estado sumido en la fantasía, divertido e ilusionado, como no lo había estado nunca. Fascinado no sólo por tus cuentos, Sherezada. También por tus astucias de contadora. *(Pausa.)* Y por ti.

SHEREZADA

Cada noche me esforzaba en ser amena, señor. Ni por un instante olvidé que me iba en ello... en fin, vos sabéis qué.

SAHRIGAR

(Pausa.) ¿Quieres que yo, a mi vez, te cuente un cuento, Sherezada?

SHEREZADA

Soy toda oídos, señor.

SAHRIGAR

Había una vez un rey, en un país lejano, que salió un día a cazar venados. Una noche soñó que su esposa, aprovechando su ausencia, lo engañaba. Concibió entonces un plan. Ordenó a los chambelanes, soldados y súbditos que lo acompañaban que permanecieran en el campamento, mientras él se retiraba por unos días a la cumbre de una montaña para orar y meditar. Pero, en vez de hacerlo, regresó a la capital de su reino y se deslizó en el palacio sin que nadie lo viera. Desde un balcón, oculto tras la celosía, espió el patio alrededor del cual vivían su esposa y sus concubinas. Comprobó que el sueño que tuvo era verdad: en la noche, las mujeres de su harén se entregaban con los guardias y eunucos al desenfreno más frenético. *(Pausa.)* ¿Habías oído este cuento, Sherezada?

SHEREZADA

Sí, lo había oído, señor. *(Pausa.)* Y, también, la continuación de esa historia. Aquel soberano, no contento con hacer decapitar a su esposa, sus concubinas y sus amantes de ocasión, concibió un odio tan terrible a las mujeres que, a partir de entonces, decidió casarse cada día con una virgen del reino y hacerla decapitar con las primeras luces del alba. *(Pausa.)* Una historia triste, trágica y llena de sangre y de lágrimas, ¿verdad?

SAHRIGAR

¿Por qué te quedas allí? La historia continúa.

SHEREZADA

No conozco su continuación, señor. Y no me atrevo a inventarle un final.

SAHRIGAR

Yo sí. Así ocurrieron las cosas hasta que, un día, una de las más bellas muchachas del reino, la hija de su visir, llamada Sherezada, decidió sacrificarse, para ver si ella salvaba a las demás vírgenes de la cimitarra del verdugo. Pidió casarse con el Rey, se casó con él, y durante mil noches y una noche lo tuvo hechizado, contándole cuentos. Hasta que...

SHEREZADA

¿Me dejáis, antes de entregarme al verdugo, que colabore con vos en el final de esa historia, señor?

SAHRIGAR

Hazlo. Hasta que...

SHEREZADA

Hasta que, gracias a la audaz contadora de cuentos, el Rey comprendió que había sido cruel e injusto.

Y se arrepintió y lloró por todas esas muchachas deca-
pitadas. Desde entonces, no volvió a cortarle el pescuezo a ninguna más. ¿Os gusta ese final, señor?

SAHRIGAR

No. Porque tengo otro mejor. El rey Sahrigar se
arrepintió, en efecto, y reconoció que había sido cruel e
injusto. Además, poco a poco, sin darse cuenta al principio, se fue enamorando de la gentil y sabia Sherezada. Entonces, aquella noche, mil noches y una noche
después de su boda, Sahrigar y Sherezada empezaron
su verdadera luna de miel. Y vivieron felices e ilusio-
nados. Como sólo se vive en los cuentos.

Larga pausa.

AITANA

Bueno, este cuento se ha acabado, ¿no?

*Se despide y va hacia la salida, ante la mirada
desconsolada de MARIO.*

MARIO

No, todavía no, Aitana. No te vayas.

AITANA

¿Qué pasa, Mario?

MARIO

¿No te da pena que todo esto se acabe?

AITANA

(Sorprendida.) La obra es así. Tú la escribiste, si no recuerdo mal.

MARIO

Ya lo sé. Pero, aun así, todos estos amores, aventuras, viajes, sorpresas, toda esta vida intensa, variada, bárbara, llena de color y de belleza que tú y yo hemos vivido y contado aquí, ¿no te importa que desaparezca?

AITANA

No sé qué contestarte. Nada de esto está en el libreto. Ahora sí has conseguido que me sienta un poco perdida, la verdad.

MARIO

¿Perdida en un bosque de cuentos, quieres decir?

AITANA

Eso mismo. Perdida en el laberinto de tus cuentos.

MARIO

¿No es eso formidable? Una pareja se extravía en las historias que está contando y nunca más puede volver al mundo real. Entonces, se queda a vivir para siempre en el reino de Sherezada y Sahrigar, es decir, en el sueño y la ficción. Podría ser un buen final para nuestra versión de *Las mil noches y una noche,* ¿no crees?

AITANA

Tengo cosas que hacer y debo irme de una vez. Buenas noches, Mario.

MARIO

¡Treinta segundos más, Aitana! Me he quedado lleno de curiosidad por saber cómo termina la historia de los príncipes Asad y Amgad que Sherezada dejó inconclusa.

AITANA

Bueno, bueno, date gusto. *(Señalando al público.)* Anda, cuéntales cómo termina ese cuento...

Se va. MARIO *coge una pluma y empieza a escribir en el aire, ahora de izquierda a derecha, mientras cae el*

TELÓN

Madrid, 26 de noviembre de 2007
Lima, 4 de abril de 2008
Nueva York, 22 de mayo de 2008
Santillana del Mar, 16 de junio de 2008

Ficha artística/técnica

DIRECCIÓN:	Joan Ollé
DIRECCIÓN ADJUNTA:	Ester Nadal
INTÉRPRETES:	Aitana Sánchez-Gijón
	Mario Vargas Llosa
MÚSICOS:	Quim Ollé
	Jordi Rallo
	Toti Soler (Madrid y Tenerife)
	Mario Mas (Sevilla)
DISEÑO DE ESCENOGRAFÍA:	Eduardo Arroyo
ESCENÓGRAFO:	Bernard Michel
DISEÑO DE ILUMINACIÓN:	Lionel Spycher
DISEÑO DE VESTUARIO:	Miriam Compte
COREOGRAFÍA:	Vanesa del Pozo (Merwa)
PRODUCTOR TÉCNICO:	Stephan Alcaraz
JEFE TÉCNICO:	Pedro Muñoz (Madrid y Sevilla)
	Juanjo Llorens (Tenerife)
MAQUINISTA:	Mariano Carvajal
TÉCNICO DE LUCES:	Daniel Giménez
TÉCNICO DE PA:	Eduardo Blanco
TÉCNICO DE MONITORES:	Francisco Sánchez
SASTRA:	Pilar Pareja de Castro

MAQUILLAJE Y PELUQUERÍA:	Pablo Morilla
AYUDANTE DE PRODUCCIÓN:	Lourdes Novillo
CONSTRUCCIÓN DE ESCENOGRAFÍA:	Mambo Decorados, S. L.
CONFECCIÓN DE VESTUARIO:	Goretti Sastrería Teatral
PRODUCCIÓN EJECUTIVA:	Lola Davó

Agradecimiento especial:
Carmela Poch e Iván Benet

Agradecimientos:
Xavier Basiana (Nau Ivanow)
y Teatro Español de Madrid

Producción de La Oficina del Autor
(Grupo PRISA)

Esta obra se estrenó en Madrid el 2 de julio de
2008, en los Jardines de Sabatini, dentro del festival
Veranos de la Villa. Durante ese mismo mes se
presentó en Sevilla y en Tenerife.

Este libro terminó de imprimir
en noviembre de 2009 en COMSUDEL S.A. de C.V.,
en Real Madrid # 57 Col. Arboleadas del Sur
C.P. 14370, Tlalpan, México, D.F.

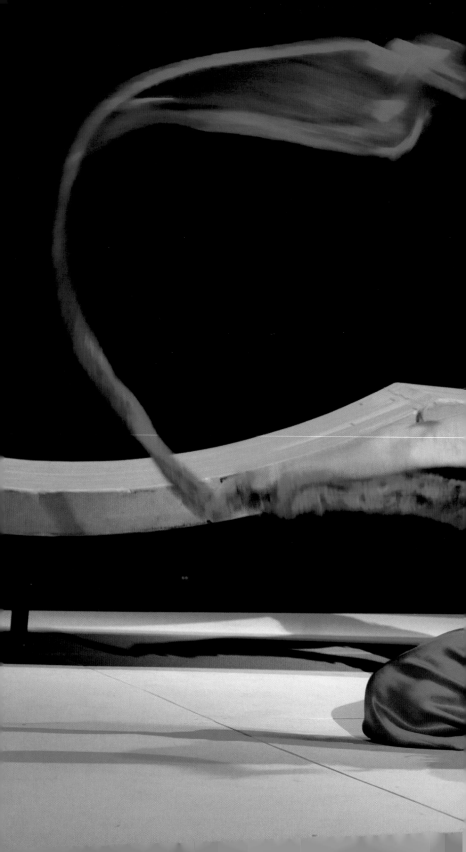